ABITUR-WISSEN RELIGION

Dittmar Werner

Glaube und Naturwissenschaft

STARK

ISBN-13: 978-3-89449-402-5
ISBN-10: 3-89449-402-6

D-85318 Freising · Postfach 1852 · Tel. (0 81 61) 1790

Inhalt

Die im Text mit einem Sternchen (*) bezeichneten
Begriffe werden im Glossar am Ende des Buches erläutert.

Vorwort

Liebe Schülerinnen und Schüler,

„Ich glaube nur an das, was ich sehe“, oder: „Für mich ist nur das wahr, was auch bewiesen werden kann“, sind Aussagen, die ich von Schülern oft höre, wenn es im Religionskurs zum Thema „Naturwissenschaft und Religion“ darum geht, in einer ersten Annäherung die persönliche Haltung gegenüber wissenschaftlichen und religiösen Deutungen des menschlichen Lebens zu äußern. Andererseits ist aber auch das Interesse am Nachdenken über die **Entstehung der Welt** und der **Herkunft des Menschen** zu vermerken, worauf der Kurs Antworten geben möchte.

Mit der Frage nach den Möglichkeiten und Grenzen der menschlichen Wahrnehmungsfähigkeit, so wie sie die zitierten Aussagen andeuten, stehen wir im Zentrum des Erkenntnisproblems, das den gesamten Themenbereich durchzieht. Deshalb möchte sich das vorliegende Buch der Aufgabe widmen, die **Gesprächsbereitschaft** über die Erkenntnismöglichkeiten der naturwissenschaftlichen und religiösen Betrachtung der Wirklichkeit zu fördern und die Frage nach dem Ursprung von Welt und Mensch ebenfalls aus wissenschaftlicher und religiöser Perspektive zu stellen.

Neben der historischen Darstellung zur Entwicklung wissenschaftlichen Forschens und Denkens und dessen Konsequenzen für das Weltbild eines jeweiligen Jahrhunderts folgen die einzelnen Kapitel daher dem Gedanken, die Methoden naturwissenschaftlicher Erkenntnis sowie Merkmale und Methoden wissenschaftlicher Theologie, Modelle zur Entstehung der Welt und des Lebens, erkenntnistheoretische Positionen zur Wirklichkeitserschließung sowie das Verhältnis von Glaube und Vernunft, die Beziehung des Mythos zur Wissenschaft und naturwissenschaftliche Probleme anhand literarischer Beispiele in Form von Achsen darzustellen. Dem zentralen Anliegen des Bandes, den **Dialog zwischen Naturwissenschaft und Religion** zu fördern, soll so aus theologischer, philosophischer und naturwissenschaftlicher Sicht Rechnung getragen werden. Die Gesprächsmöglichkeiten werden in den abschließenden Teilen anhand **praktischer Beispiele** aus unserer alltäglichen Lebenswelt geführt und im Hinblick auf die Beziehung zwischen Mensch und Natur auf eine konkrete Grundlage gestellt.

Wenn das vorliegende Buch nicht nur dazu dient, abfragbares Abiturwissen zu vermitteln, sondern auch **Denk- und Handlungswege zur Lebensorientierung** zu eröffnen, die in gegenseitiger Ergänzung sowohl aus naturwissenschaftlicher als auch aus religiöser Sicht den Zugang zur Wirklichkeit unseres Lebens möglich machen, wäre sein Anliegen eingelöst.

Dass ich nicht mehr mit saurem Schweiß
zu sagen brauche, was ich nicht weiß;
dass ich erkenne, was die Welt
im Innersten zusammenhält,
schau alle Wirkenskraft und Samen
und tu nicht mehr in Worten kramen.

Goethe, Faust

1 Naturwissenschaft und Glaube – ein Problemaufriss

1.1 Skizze zur Situation gegenwärtigen Denkens

Am Ende des 20. Jahrhunderts stehen wir in Bezug auf die Frage nach dem Verhältnis von naturwissenschaftlicher und religiöser Welt- bzw. Wirklichkeitsdeutung vor einer merkwürdig gespaltenen Haltung, die es nötig macht, auf ihre Ursachen einzugehen und nach klärenden Antworten zu suchen. Zunächst erweist sich die Bewusstseinslage des modernen Menschen in der anstehenden Frage als das Ergebnis einer weltanschaulichen Orientierung, die er aus naturwissenschaftlichen Erkenntnissen, hauptsächlich der Physik und Biologie, ableitet. Das heißt, dass **wissenschaftliche Kriterien** wie Messbarkeit, experimenteller Nachweis, Berechenbarkeit, Beweisbarkeit, Kausalität und Wiederholbarkeit Aussagen über ein in der Natur wahrnehmbares Phänomen ermöglichen und sich so dem Denken erschließen. Nach diesen Aspekten formieren sich die entscheidenden Orientierungen für die gegenwärtige Lebensanschauung: Nur diejenigen Erscheinungen, die den genannten wissenschaftlichen Merkmalen genügen, werden als wahr bzw. wirklich anerkannt. Alle Erscheinungen in der uns umgebenden Welt müssen für die Sinne erfahrbar sein oder im Experiment einer Überprüfung standhalten, um als Gegenstand der Wirklichkeit betrachtet zu werden. Andernfalls gehören sie in den Bereich des Aberglaubens und des Irrationalen*. In den Aussagen und Fragestellungen „Ich glaube nur an das, was ich sehe“ oder „Gibt es Beweise dafür, dass Gott existiert?“ und auch: „Als Physiker muss ich hier fragen, wie sich Gerechtigkeit messen lässt“ kommt ein Realismusverständnis zum Ausdruck, das allein diejenigen Sachverhalte als wahr und wirklich anerkennt, die sich durch **Erfahrung** und **Überprüfbarkeit** nachweisen lassen.

Da die religiöse Weltdeutung, nämlich Gott als den Grund allen Seins zu verstehen, wissenschaftlich nicht zu erschließen ist, fällt die **Religion** für den so orientierten Menschen als Zugangsmöglichkeit zur Lebenswirklichkeit weithin aus. Gott ist nicht beweisbar und eine Gottesvorstellung wird von daher als irrelevante Illusion zurückgewiesen. Zwischen der Wirklichkeit, wie sie von der Naturwissenschaft vermittelt wird, und der Glaubensorientierung entsteht somit eine Kluft bzw. Polarität, die unüberwindbar zu sein scheint. Der Glaube wird zur Privatsache und allenfalls noch an die Kirche oder den Religionsunterricht verwiesen, die ihn vermeintlich zu verwalten haben. Mit der Aufklärung, die seit dem 18. Jahrhundert die Prinzipien der Mündigkeit und der Vernunft zum Maßstab menschlichen Denkens, Handelns und Forschens machte, stiegen besonders die Naturwissenschaften zur einzig angemessenen Erklärungsmöglichkeit für die Lebenszusammenhänge in der uns umgebenden Wirklichkeit auf.

Am deutlichsten tritt diese Einstellung durch den Bezug der Menschen zum technischen Fortschritt und in der Frage nach der Herkunft des Lebens in Erscheinung, denn über den Ursprung des Kosmos und die Abstammung des Menschen geben Physik, Biologie und Chemie, die hier ihren Forschungsgegenstand haben, nach den Gesetzen ihrer Fachgebiete so einsichtig Auskunft, dass für einen Schöpfergott keine plausible Aufgabe bleibt. Im Rahmen der **Urknalltheorie*** und der **Evolutionslehre*** finden beide Phänomene eine schlüssige Erklärung. Wissenschaftliche Erkenntnisse, die zur Erklärung der Wirklichkeit erhoben werden, lassen – so scheint es – religiösen Überzeugungen allenfalls als Restfragen am Rande des Alltags eine Nische offen.

Mit dieser Situationsbeschreibung erreichen wir einen Punkt, an dem eine erste Antwort für den Grund des gespaltenen modernen Bewusstseins in der Beziehung zwischen Naturwissenschaft und Glaube gegeben werden kann. Auf der einen Seite sind unsere Lebenszusammenhänge nach wissenschaftlichen Gesetzen erklärbar, andererseits ist z. B. die Frage nach dem Sinn des Lebens weder durch physikalisch-mathematische noch mit biologisch-chemischen Kategorien zu beantworten. Existenzielle Fragen nach dem Woher und Wohin, dem Wofür und Wozu des Lebens, können und wollen die Naturwissenschaften nicht beantworten. Allerdings sollte man hier nicht den gedanklichen Fehler machen, religiöse Erklärungen für die Lebenswirklichkeit in diejenigen Lücken einzusetzen, die durch wissenschaftliches Forschen noch nicht erklärt werden können. Denn damit würde der Raum für die religiöse Weltdeutung letztlich immer enger, anstatt sich weiterhin auf den großen Zusammenhang einzulassen, in dem die religiöse Wirklichkeit Zuhause ist. Daher wäre es angemessener, die Bemühungen unseres Denkens und Handelns in eine Richtung zu führen, in der es möglich wird, auf die Zusammenhänge in unserer Wirklichkeit in gegenseitiger Ergänzung naturwissenschaftlicher und religiöser Wirklichkeitsdeutungen einzugehen.

1.2 Kulturgeschichtlich-wissenschaftliche Einflüsse auf die neuzeitliche Wirklichkeitsdeutung

Das Denken unserer Zeit wird von kulturgeschichtlichen und wissenschaftsorientierten Einflüssen bestimmt, die vom **mythologischen Weltbild*** des alten Orients, in dem Natur- und Götterwelt noch eine geschichtslose Einheit bildeten, bis zur Chaostheorie und dem ihr implizierten **Agnostizismus*** der Gegenwart reichen. Der wissenschaftsgeschichtliche Bogen spannt sich somit zunächst über Welterklärungsmodelle, die in den Göttern Schöpfer und Bewahrer des Kosmos sahen, zu den antiken Vertretern einer **geozentrischen Weltsicht*** wie ARISTOTELES und PTOLEMAIOS.

Ihre Physik und die damit verbundene Naturphilosophie bestimmten noch das mittelalterliche Weltbild bis zur **kopernikanischen Wende*** des 16. Jahrhunderts. Jetzt erst, durch die Annahme, dass die Sonne und nicht die Erde im Mittelpunkt des Kosmos steht, wie es NIKOLAUS KOPERNIKUS, JOHANNES KEPLER, GALILEO GALILEI und GIORDANO BRUNO nachwiesen, sowie durch die Erkenntnis Keplers, dass Planeten sich auf ellipsenförmigen Bahnen und nicht auf Sphären bewegen und dabei von Kraftfeldern, nicht von „Intelligenzen“ gesteuert werden, zerbricht das mittelalterlich-aristotelische Weltbild. Gott ist für die naturwissenschaftliche Welterklärung nicht mehr nötig.

Vom Ausgang des 17. bis zum Ende des 19. Jahrhunderts entwickelten sich sowohl natur- als auch geisteswissenschaftliche Erkenntnisse, unter deren prägendem Einfluss wir hinsichtlich des Verhältnisses von naturwissenschaftlicher und religiöser Wirklichkeitssicht noch immer stehen. Wissenschaftler wie ISAAC NEWTON und dessen Entdeckung des **Gravitationsgesetzes*** sowie der Grundlagen der **Mechanik*,** der Astronom W. HERSCHEL, Begründer der Astrophysik, sowie die französischen Forscher JOSEPH LOUIS LAGRANGE, PIERRE-SIMENON LAPLACE und S. D. POISSON, die in einer mathematischen Theorie den Gesetzen der Mechanik und der Gravitation ihre theoretische Grundlage gaben, prägten die wissenschaftliche Erkenntnis auf dem Boden der Physik durch eine mechanische Erklärbarkeit aller Prozesse, Bewegungen und Ereignisse, die – wie sie erkannten – nichts anderes sind als die Folge von Stoß oder Druck materieller Gebilde. Mechanik, Elektrizität, Magnetismus und die Vorstellung eines isotropen Raums* bestimmten die Prinzipien der klassischen Physik.

Für die Biologie begründete CHARLES DARWIN in seiner **Abstammungslehre** die Entstehung der Arten als Folge einer natürlichen Auslese. Weder die mechanische Physik noch die Biologie brauchten von nun an für die Erklärung und Erkenntnis der Wirklichkeit die Vorstellung von der Existenz eines Gottes. In den naturwissenschaftlichen Aussagen drückte sich eine Wirklichkeit aus, die keinerlei Hinweise auf Gott enthielt. Er war nicht mehr denknotwendig.

IMMANUEL KANT, dessen **Vernunftkritik** menschliches Erkennen auf Gegenstände der Erfahrung einschränkte, LUDWIG FEUERBACH, der den Ursprung der Religion in der Entzweiung des Menschen mit sich selbst sah, das Diktum FRIEDRICH NIETZSCHES vom „Tod Gottes" und der Geburt des „Übermenschen" sowie die Religionskritik von KARL MARX und SIGMUND FREUD, die Religion als verkehrtes Weltbewusstsein bzw. infantile Illusion verstanden, griffen die Religion von philosophischer und psychoanalytischer Seite an.

Das Denken unserer Gegenwart hat auf diesem Hintergrund der zurückliegenden 200 Jahre seinen bestimmenden Einfluss erfahren, unter dem ein **säkularisiertes***, **aufgeklärtes Bewusstsein** entstanden ist. Hier liegen die historischen Wurzeln für ein Wirklichkeitsverständnis, das in der Wahrnehmung des sinnlich Erfahrbaren und im **Anthropozentrismus*** seinen Zugang zur Welt findet.

1.3 Die moderne Physik und ihre Folgen für das Wirklichkeitsverständnis

Was unter Wirklichkeit verstanden wird, orientiert sich an den sinnlichen Erfahrungsmöglichkeiten der Menschen. Was sich beobachten und berechnen lässt, was überprüfbar und in Formeln oder Gesetzmäßigkeiten ausdrückbar ist, was sich gegenständlich fassen und durch den Verstand nachvollziehen lässt, ist glaubwürdig. In der Sprache der Naturwissenschaft folgt menschliche Wirklichkeitsdeutung damit den Prinzipien der objektiven Erfahrung. Nun haben jedoch ALBERT EINSTEIN, WERNER HEISENBERG, NIELS BOHR, STEPHEN HAWKING und PAUL DAVIES als Vertreter einer modernen Physik durch ihre Forschungen auf den Gebieten der **Relativitätstheorie***, **Quantenmechanik***, **Kernphysik***, **Kosmologie*** und **Chaostheorie*** gezeigt, dass es keine eindeutige Objektivierbarkeit, Kausalität und Determiniertheit der Wirklichkeit gibt, wie es noch von der klassischen Physik vorausgesetzt wurde. Demzufolge kann auch eine Haltung nicht mehr absolut gesetzt werden, die eben diese Kriterien zur allgemein gültigen Erklärung der Gesamtwirklichkeit erheben will. Die Relativierung der Auffassung, dass die ganze Wirklichkeit mithilfe der Wissenschaft objektiv zu erfassen sei, geht zurück auf die Erkenntnisse von NIELS BOHR und WERNER HEISENBERG, die unter der Bezeichnung **Komplementarität*** und **Unschärferelation*** bekannt geworden sind. Bei beiden Phänomenen handelt es sich um die Erkenntnis des nicht eindeutig bestimmbaren Verhaltens von Elementarteilchen, was im Rahmen der klassischen Physik nicht möglich ist. Die Unschärferelation ist zu einer Metapher für die Ungewissheit menschlicher Erkenntnis geworden.

1.4 Die moderne Biologie und ihr Einfluss auf das neuzeitliche Wirklichkeitsverständnis

Auf die Frage: „Woher kommt der Mensch?“ mit der Erschaffung des Menschen durch Gott zu antworten, stößt bei den meisten Menschen unserer gegenwärtigen Zeit auf Ablehnung. Sowohl kirchliche Fehldeutungen der Schöpfungserzählung als auch wissenschaftliche, in diesem Fall biologische Erklärungen haben zu einer aufklärerischen und atheistischen* Kritik an der biblisch-kirchlichen Deutung der Herkunft des Menschen geführt. Wird die Schöpfungsgeschichte der Bibel als Bericht oder gar als Lehre eines wirklichen Geschehens verstanden, so kann ein Missverständnis und in dessen Folge eine Zurückweisung nicht ausbleiben. Denn damit würde sich die christlich-kirchliche Deutung hinsichtlich des Ursprungs der Welt und der Entstehung der Menschheit gegen eine fast 500 jährige Wissenschaftstradition stellen, die den Anfang der Welt und der Menschheit auf natürliche Weise, ohne das Eingreifen eines Schöpfers, erklärt. Die **Wirklichkeitsdeutung der Neuzeit** über die Entstehung der Welt und die Herkunft der Menschheit ist von daher zumeist an den physikalischen Erklärungen zur Urknalltheorie* oder den biologischen Erkenntnissen über das Evolutionsgeschehen* orientiert.

1.5 Ratio und Religion als neuzeitlicher Gegensatz der Wirklichkeitsdeutung

Menschliches Erkennen ist an die Sinneswahrnehmungen gebunden. Alles, was wir hören, sehen, riechen, fühlen und schmecken, ist wirklich. Unsere Erfahrungen mit der Welt sind auf Gegenstände bezogen, die sich den Sinnen erschließen. Die sinnliche Erfahrbarkeit ermöglicht uns, Wissen über die Welt zu erlangen. Religiöse Aussagen hingegen können sich nicht auf sinnliche Erfahrbarkeit stützen. Ein Reden von Gott aufgrund von Sinneserfahrungen ist nicht möglich. Solches Reden bleibt **subjektiv.** Es ist nicht verifizierbar* oder in Begriffen festzuhalten. Zwischen Glaube und Vernunft entsteht ein Graben, der die weltanschauliche Bewusstseinslage im 20. Jahrhundert bestimmt. Die Folge ist Verlegenheit, Sprachlosigkeit und Ignoranz in religiösen Dingen.

Die Fragwürdigkeit eines blinden Vertrauens in unsere Sinneswahrnehmungen zeigt sich jedoch auf dem Erkenntnishintergrund der evolutionären Erkenntnistheorie, der besagt, dass wir die Gegenstände der Welt nicht so erkennen, wie sie „an sich“* sind, sondern nur so, wie sie uns erscheinen. Die Sinne legen die Realität für uns aus, sie bilden sie nicht so ab, wie sie tatsächlich ist. Damit wird fraglich, ob die sinnliche Wahrnehmung die Wirklichkeit objektiv* wiedergibt.

Für die Frage nach der **Wirklichkeit religiöser Aussagen** ist es also wichtig, in Betracht zu ziehen, ob unsere Welt da zu Ende sein sollte, wo ihrer Erfahrbarkeit Grenzen gesetzt sind. Wenn die Erfahrbarkeit der Welt durch unsere Sinne nicht gleichzusetzen ist mit der Realität insgesamt, dann ist die Möglichkeit einer Realität jenseits unserer Vernunft nicht auszuschließen. Das bedeutet, dass z. B. Vorstellungen von Gott und Wundern, Auferstehung und einem Jenseits rational begründbar sind.

1.6 Der Materialismus als Wahrnehmungsweise der Wirklichkeit in der Moderne

Ein weiterer Ansatz, durch den die Wirklichkeitswahrnehmung in der Moderne bestimmt wird, ist der **Materialismus*.** Für die Wahrnehmung der Welt bedeutet dies, dass allein die Gegenstände, die für die Sinneseindrücke erfassbar sind, als wirklich und wahr anerkannt werden. Diejenigen Objekte, die sich der Wahrnehmung materiell erschließen, machen die Realität der menschlichen Welt aus. Auf die Gesellschaft und die Lebensbedingungen in ihr bezogen, stellt sich der Materialismus als die Grundlage der Ökonomie* dar. Das menschliche Leben ist von den gesellschaftlichen und persönlichen wirtschaftlichen Bedingungen abhängig: Einkommen und der damit verbundene Lebensstandard bestimmen die Lebensqualität und die damit verbundenen Handlungsweisen der Menschen untereinander.

1.7 Möglichkeiten und Grenzen im Dialog zwischen Naturwissenschaft und Religion

Die **Naturwissenschaften** liefern Aussagen über Sachverhalte, von denen durch sinnliche Wahrnehmung, experimentelle Überprüfbarkeit, Verifikation* und Falsifikation* der experimentellen Ergebnisse, Hypothesen- und Theoriebildung, mathematische Berechnungen und kausale* Erklärungen, objektiv* gesprochen werden kann.

Ihre Grenzen liegen dort, wo subjektive Erkenntnisse und Erfahrungen des Menschen, wie Hoffnung, Liebe, Leid, Solidarität und Tod oder Überlegungen **metaphysischer Natur*:** „Warum gibt es etwas und warum nicht nichts?“ von der existenziellen Betroffenheit der Menschen zeugen.

Die **Folgen naturwissenschaftlicher** Erkenntnis und des damit verbundenen technischen Fortschritts sind ambivalent. Es ist unbestritten, dass wissenschaftliche Forschung z. B zur Erhöhung der Lebenserwartung führt und materiellen Wohlstand brachte, zugleich aber auch komplexe Probleme in den Bereichen Umwelt, Gentechnologie und Atomkraft hervorrief.

Der **Anspruch theologischer Aussagen** leitet sich aus den Inhalten der biblisch-christlichen Tradition ab, die den Menschen Deutungsmöglichkeiten für ihre Fragen nach dem Lebenssinn anbieten und Trost, Mut, Hoffnung und Zukunftsfähigkeit für das Leben vermitteln wollen. Theologische Aussagen beziehen sich auf Lebenssituationen, in den Menschen nach dem Sinn ihrer Wirklichkeit fragen, nach der Bedeutung ihres Lebens und der Welt. Sie verstehen Gott als den Grund des Seins und als Antwort auf das Ziel unserer Existenz. Damit wollen sie die Menschen zu einem neuen Verständnis ihrer Individualität und ihrer Welt motivieren. Die Texte der biblischen Tradition sind die Quelle dieser Lebensdeutung.

Theologische Aussagen geraten dort an ihre **Grenzen,** wo Ereignisse experimentell hervorgerufen und objektiv überprüft werden können. Sie überschreiten ihren Anspruch, wenn sie empirische* Ergebnisse und vernünftiges Denken bestreiten, wie es im Fall GALILEO GALILEI vorgekommen ist.

Religiöse Aussagen, Erfahrungen und Handlungen sind jedoch dem Angriff naturwissenschaftlicher Wirklichkeitserklärungen nicht unterlegen, da die Kriterien der Objektivität und Rationalität als Folge der Erkenntnisse der modernen Physik nicht mehr absolut zu setzen sind und sich Religiöses durchaus vernunftgemäß begründen lässt.

Ein **Dialog zwischen Naturwissenschaft und Theologie** ist möglich, indem beide Wirklichkeitserfahrungen für eine ganzheitliche Welterkenntnis und Wirklichkeitsdeutung miteinander in Beziehung gebracht werden.

Die **Voraussetzungen** für diesen Dialog sind die gegenseitige Anerkennung der Erkenntniswege und des Modellcharakters beider Disziplinen in Anbetracht der gemeinsamen Verantwortung für die Bewahrung der Welt. Hier sind Möglichkeiten zur **Vermittlung** zwischen Ökologie* und Ökonomie* in die Überlegungen zum technisch-wissenschaftlichen Fortschritt einzubinden. Naturwissenschaft und Theologie treffen sich bei einer neu zu fassenden Verhältnisbestimmung von Rationalität*, Mythos* und Geschichtlichkeit. Schließlich sind die Konsequenzen für ein Menschenbild zu diskutieren, das aus materiell-wissenschaftlichen oder geistig-ideellen Ursprüngen erwächst.

Zusammenfassung: Naturwissenschaft und Glaube – ein Problemaufriss

Für den modernen Menschen stehen die Erkenntnisse der Naturwissenschaften und des religiösen Glaubens vielfach im **Widerspruch.** Religiöses Denken und Handeln sind nach Meinung vieler Menschen überflüssig geworden. Zudem erweist sich der Glaube an Gott, wie es häufig zu hören ist, als überholt und unglaubwürdig, da Gottes Existenz für die Sinne nicht erfahrbar und für den Verstand nicht nachvollziehbar ist. Nur was sich den Sinnen und der Vernunft erschließt, ist für die Weltanschauung vieler Menschen des 20. Jahrhunderts wahr und hat Wirklichkeitsgehalt. Die Erkenntnisse der Physik und Biologie über die Entstehung des Weltalls und des Lebens bestätigen diese Haltung anscheinend.

Die **existenziellen Bereiche des Menschseins** wie Liebe, Hoffnung, Frieden, Gerechtigkeit, Tod etc. können jedoch nicht allein durch wissenschaftliche Modelle erklärt werden.

Durch Dialog können neue Dimensionen eröffnet werden.

2 Die Entwicklung naturwissenschaftlichen Denkens und sein Einfluss auf die Ausformung der Weltbilder

2.1 Vorwissenschaftliche Weltbilder

2.1.1 Das altorientalische Weltbild

Das Weltbild im Alten Orient wird durch die Mythen* bestimmt, die über die Entstehung von Erde und Meer, Himmel und Sternen erzählend berichten und diese als Göttergestalten verehren.

Das Weltbild des Alten Orients

- So sprechen die babylonischen Mythen davon, dass Himmel und Erde aus der Göttin Tiamat **entstanden** sind. Nachdem der Götterkönig sie getötet und in zwei Teile gespalten hatte, entstand aus der einen Hälfte die Erde, der andere Teil bildete das Firmament.
- Nach altorientalischer Vorstellung ist die **Erde** eine Scheibe, die auf Säulen bzw. einer Grundfeste ruht. Die Urflut umspült diese Stützen. Das Reich der Toten, die *Scheol,* befindet sich unter der Erde.
- Der **Himmel** erscheint wie eine Halbkugel, die über die Erde gestülpt ist. Sonne, Mond und Sterne folgen festen Bahnen am Firmament. Der Himmel besteht aus mehreren Schichten, wobei aus einer Schicht Wasser durch die Himmelsschleusen als Regen auf die Erde fällt.
- **Gott** wohnt nach mythologischer Vorstellung im Himmel, womit seine ungreifbare, unerreichbare Andersartigkeit ihren Ausdruck findet.
- Auch die **Entwicklung der Welt** wird auf Götterkämpfe zurückgeführt, sodass alle Erscheinungen, die die Welt in sozialer, politischer und seelischer Hinsicht charakterisieren, als der Wille der Götter aufgefasst werden. Die Wirklichkeit der Welt erweckt durch die Vorgänge der Bewegung, von Anfang und Ende aller Geschehnisse, von Werden und Vergehen, den Eindruck des Organischen.
- Der **Mensch** ist in die mythischen Geschehnisse eingebunden, ohne sie beherrschen und ändern zu können. Es ist jedoch sein Bestreben, die Ereignisse zu deuten, die Ordnung der Natur zu erkennen und sein Handeln an den gewonnenen Einsichten so auszurichten, dass Gottesglaube und Weltwirklichkeit miteinander in Einklang stehen. Dieses Wirklichkeitsverständnis, das die Orientierung in der Welt auf eine feste Grundlage stellen soll, bringt der Mensch in den Schöpfungsmythen zum Ausdruck.

Zusammenfassung: Das altorientalische Weltbild

Das altorientalische Weltbild kennt das dreistöckige Weltgebäude. Die Schöpfung und Entwicklung der Welt ist das Resultat von **Götterkämpfen.** Der Ursprung des Lebens wird der Großen Mutter-Erde Göttin zugeschrieben.

Die Natur- und Götterwelt bilden eine mythologisch-geschichtslose Einheit.

2.1.2 Das alttestamentliche Weltbild

Das Weltbild des Alten Orient wird von den Israeliten übernommen, sodass sich im Weltbild des Alten Testaments wesentliche Elemente der babylonischen Mythen wiederfinden. So wird in Hiob 37,12 und Jes 40,22 die **Erde** als Scheibe beschrieben. Dass sie auf Säulen oder einer Grundfeste ruht, findet sich z. B. in Ps 75,4 und Spr 8,30. Die Vorstellung vom **Himmel** als Halbkugel erwähnt Gen 1,6–8. Sein Schichtenaufbau mit den Himmelsschleusen kommt in Eph 4,10 und Gen 7,11 zur Sprache. Dass **Gott** im Himmel wohnt, berichtet Ps 104,2–4. Auch von der Erschaffung des **Menschen** spricht der biblische Text in mythologischer Sprache in Gen 1,26 ff. und Gen 2,7 sowie in Gen 2,18–25.

Das Weltbild des Alten Testaments drückt sich in der Darstellung der Welt als **Schöpfung** Gottes aus. Die Beziehung zwischen Mensch, Welt und Natur ist durch das Schöpfungshandeln Gottes gekennzeichnet, durch das sie eine enge Verbindung miteinander eingehen. Damit sind die Vorgänge und Ereignisse in der Welt nicht mehr als der Kampf von Göttern zu verstehen. Auch die kosmischen Elemente wie Sonne, Mond und Sterne kommen jetzt als das Ergebnis des Schöpferhandelns eines einzigen Gottes in den Blick. Mit dieser Entgötterung von Welt und Natur öffnen sich die Erscheinungen der Wirklichkeit dem forschenden Fragen des Menschen. Dem Menschen wird die Ebenbildlichkeit mit Gott zugesprochen, wodurch er in partnerschaftlicher Beziehung zu Gott steht. Aus diesem Verhältnis heraus herrscht er in Verantwortung vor Gott über die Welt. Mit der Schöpfung geht die Welt auf ein zukünftiges Ziel zu. Auf diesem Weg wandelt sich die Welt im Sinne Gottes.

Zusammenfassung: Das alttestamentliche Weltbild

Im alttestamentlichen Weltbild hat die Welt ihren zeitlichen Anfang im **Schöpferhandeln Gottes**.

Gott ist der Herr aller Ereignisse in der Zeit.

Die **Weltwirklichkeit** ist geprägt von Ereignissen, die sich gerade vollziehen oder bereits abgeschlossen sind.

Die Bestimmung des **Menschen** als Ebenbild Gottes ist Ausdruck für die enge, partnerschaftliche Beziehung zwischen Gott und Mensch.

2.2 Die griechischen Philosophen

2.2.1 Sokrates

Eines der wichtigsten Denk- und Handlungselemente, das naturwissenschaftliches Arbeiten bestimmt, der Gebrauch der Vernunft und des gesicherten Wissens, entstammt der **Naturphilosophie*** des Sokrates (470–399 v. Chr.) und wird bei ihm als **Logos*** bezeichnet. „Logos“ hat eine Vielzahl von Bedeutungen, z. B. sinnvolles Denken und Sprechen, ethisch-moralische Orientierung mit dem Sinn für das Gute und Rechte, Vernunft *(ratio)*, Begriff, Gesetz oder Wissen. Sokrates hat mit diesem Logos-Verständnis den Anfängen naturwissenschaftlichen Denkens eine Orientierung vermittelt, die aus einer Verbindung von Tugenden (dem sittlich Guten) und Wissen besteht. Daraus speiste sich sein Ziel, das Nichtwissen der Menschen aufzuzeigen und sie für die Suche nach dem sittlichen Ideal zu motivieren: so würden sie zur Selbsterkenntnis gelangen und ihre Autonomie verwirklichen.

2.2.2 Platon

Platon (429/428–347 v. Chr.) entwickelt seine **Ideenlehre** unter anderem in der Auseinandersetzung mit den Sophisten*, den griechischen Intellektuellen seiner Zeit. Für sie war der Mensch das Maß aller Dinge. Einen allgemein verbindlichen Maßstab für Denken und Handeln gibt es nach ihrer Anschauung nicht, aber die Menschen können mit ihren rhetorischen Fähigkeiten zeigen, ob sie sich gegenüber den Mitmenschen durchsetzen und daher fähig sind, eine subjektive Wahrheit geltend zu machen.

Dieser Position, die nach Platons Ansicht jegliche Voraussetzungen für Sittlichkeit und Wissenschaft zerstört, hält Platon die Lehre von den ewigen Ideen entgegen, mit denen er einen verbindlichen Maßstab für das Denken und Handeln setzen will.

Platons Ideenlehre

Ideen sind die ewigen, unveränderlichen Urformen der Dinge in unserer Erscheinungswelt. Das Gute und die Tugend sind Erscheinungsweisen der Ideen; die Ideen leben in der Welt des Seins, einer ewigen und vollkommenen Welt, von der unsere

Welt des Scheins nur ein unvollkommenes **Abbild** ist. Die Dinge der Welt vergehen, aber die **Ideen als ihre Urbilder** sind unvergänglich. Sie stellen also die eigentliche Wirklichkeit dar.

Die Beschäftigung mit der körperlichen Existenz war für Platon von untergeordneter Bedeutung. Im Rahmen seiner **Naturlehre** bringt er seine kritische Distanz gegenüber „naturwissenschaftlichem" Erkennen zum Ausdruck, wenn er sagt, dass eine Naturwissenschaft, die das Gegenständliche erforschen will, keine Gewissheit, sondern nur eine Annäherung an ihre Objekte erreichen kann. Deshalb findet sich in seiner Naturlehre kein Hinweis auf Physik, denn in der **Ideenlehre** wird wissenschaftliche Forschung auf ideale Verhältnisse eingeschränkt, eine Wissenschaft der Erscheinungen aber ausgeschlossen.

Platon betrachtet die Ideen für alle Menschen in der gleichen Art und Weise als verbindlich. Die Urbilder der Mathematik, der Ethik* und Ästhetik*, der Biologie und der verwerflichen Dinge (bei Platon Haar, Schmutz und Kot), gelten für die Menschen generell. Die Form dieser allgemein verbindlichen „Gesetze" ermöglichen ein verpflichtendes menschliches Denken und Handeln.

Platons Wissenschaftsansatz

Platon kann als **Begründer der reinen Wissenschaft,** einer Form der Erschließung von Weltwirklichkeit, die allein durch das Denken geschieht, angesehen werden. Das Interesse gilt der Erkenntnis des reinen Wissens über die letzten Gründe des Seins, nicht der praktisch-technischen Nutzbarmachung der gewonnenen Einsichten.

Platons Verständnis vom Kosmos

Der Kosmos ist nach Platon das Werk eines **Demiurgen*,** für den die Vorstellung der Ideenlehre vom Zusammenhang konkreter und ideeller Verhältnisse gilt. Die Ideenkonzeption wird auf natürliche Dinge und physikalische Naturforschung erweitert, ihr Interesse ist besonders der Mathematik und Astronomie* zugewandt. Jeder Hinweis auf Physik fehlt. Die astronomischen Zusammenhänge werden als Abbildung einer Weltseele verstanden, die sich aus der mathematischen Ordnung der Kurvenbahnen der Planeten bildet. Die Welt ist in zwei Teile geteilt, nämlich in eine Welt, die sich über dem Mond befindet und in der „ideale" Verhältnisse herrschen, und in eine Welt unter dem Mond: die Welt der Erscheinungen.

Die **Empirie*** ist im Platonischen Kosmosmodell noch unbedeutend, da die Ideenlehre eine Untersuchung des Gegenständlichen nicht zulässt und empirische Verhältnisse demzufolge nicht wissenschaftsfähig sind. Astronomie, Arithmetik und Geometrie sind Ausdruck einer Vernunft, die nicht in eine Naturforschung mit Entdeckungen und Erfindungen übergeht, sondern allein dazu dient, von den Göttern die richtige Vorstellung zu bekommen.

2.2.3 Aristoteles

Aristoteles (384–328 v. Chr.) geht von der Erfahrung, den alltäglichen Beobachtungen und Vorstellungen aus und verbindet sie mit philosophischen Reflexionen. Sein Erfahrungsmaterial sammelt er aus Beobachtungen der Gestirne und des Wetters, der Pflanzen und Tiere sowie der menschlichen Beziehungen in Familie und Gesellschaft. Seine empirischen* Interessen richten sich dabei auf die **Verhältnisbestimmung** dieser verschiedenen Bereiche zueinander und er macht es sich zur Aufgabe, deren ursprüngliche Gründe oder **Prinzipien** zu ermitteln.

Das aristotelische Wissenschaftsverständnis

Wissenschaft ist für Aristoteles das vollkommene Wissen, mit dem das natürliche Streben des Menschen nach Erkenntnis sein höchstes Ziel erreicht. Sie ist keine bloße Faktensammlung, sondern die wahre, allgemein gültige Erkenntnis, die sich aus den Prinzipien, das heißt der Erkenntnis der Anfänge und Ursprünge, ableitet.

Wissenschaftliche Erkenntnisse sind **deduktiv*** aus den Beweisverfahren und aus der Einsicht in die „ersten Sätze", d. h. aus der Prinzipienerkenntnis, abzuleiten.

Einsicht und Wahrheit gibt es für den Menschen in Form des Geistigen, der Wissenschaft, Weisheit, Klugheit und Kunstfertigkeit (griech. techne: Technik). Voraussetzungen für Erkenntnis sind die Sammlung von Beobachtungsmaterial und dessen rational-analytische Durchdringung. Auf diesem Weg gelangt Aristoteles zu seiner Auseinandersetzung mit den Grundbegriffen der Physik, wie Bewegung, Raum, Zeit und Kontinuität.

Die aristotelische Physik

Die Grundlagen des aristotelischen Physikverständnisses sind in seiner Schrift *„De caelo"* wiedergegeben, die im Wesentlichen die Elemententheorie und die geozentrische* Kosmologie enthält.

Die **Elemententheorie** des Aristoteles stellt eine Theorie der natürlichen Bewegungen entsprechend unseren alltäglichen Erfahrungen dar. Von daher definiert sie Bewegungen für Körper, die eine Bewegung nach unten ausführen, als schwer; Körper, die eine Bewegung nach oben ausführen, als leicht. Das Element Feuer ist durch die Eigenschaften warm und trocken charakterisiert; die Luft durch warm und feucht; das Wasser als kalt und feucht; die Erde als kalt und trocken.

Die Erkenntnisse des Aristoteles stellen ein naturwissenschaftliches Programm dar, das nicht mehr auf metaphysischen* Erwägungen, sondern auf rationalen Überlegungen fußt und seine geozentrische* Kosmologie begründet. d. h. die **Erde** steht im Mittelpunkt des Kosmos. Sonne, Mond, Planeten und die Sterne bewegen sich auf einer kreisförmigen Umlaufbahn um die Erde. Die **Bewegungen** mit ihren Orts- und Geschwindigkeitsänderungen setzen eine Kraft voraus, einen **„unbewegten Beweger"**, der alles in Bewegung bringt.

Die aristotelische Gottesvorstellung

Aristoteles versucht, den Ursprung aller Bewegung und die Einheit der Naturphänomene in Gott als **unbewegtem Beweger** der Welt zu denken. Bewegung erklärt sich für Aristoteles dadurch, dass die Vielfalt der Bewegungen auf die ewige Kreisbewegung zurückzuführen ist. Die ewige Bewegung ist nur möglich, wenn es eine ewig bewegte Substanz gibt: die Himmelsbewegung. Die ewig bewegte Substanz ihrerseits muss eine Ursache haben. Dies ist der seinerseits unbewegte Beweger, nämlich Gott. Er ist der Grund, der der gesamten Natur Halt gibt. Er ist reines Denken und reiner Geist, er denkt das Höchste und Vollkommenste. Gott ist das Vollkommenste selbst, ist folglich das Sich-selbst-Denken des Geistes oder das sich selbst denkende Sein.

Das **geistige Sein** hat also Vorrang vor dem sinnlichen Sein, denn die wahrnehmbare Welt ist eine abgeleitete Welt.

Zusammenfassung: Das Weltbild im Denken der griechischen Antike

Das Weltbild der Griechen ist durch ein Wissenschaftsverständnis gekennzeichnet, dem es um die **Erkenntnis des allem zugrunde liegenden Prinzips,** der Idee, geht.

Die ursprüngliche **Weltwirklichkeit,** die in Form von Ordnung, Symmetrie, Harmonie und Zweckmäßigkeit erscheint, wird durch die **Idee** hervorgerufen.

Die Idee ist das eigentliche Wesen eines Gegenstandes; die Welt des Gegenständlichen ist bloß das Abbild des ewig unveränderlichen wahren Seins, das durch die Vernunft, den **Logos,** erkannt werden kann. Dieses Sein wird von Gott, dem **„unbewegten Beweger"** getragen, der den ewigen Kreislauf in Gang hält.

Gottesglaube und Wirklichkeitserfahrung sind eng miteinander verbunden.

2.3 Philosophen und Naturwissenschaftler des Mittelalters

2.3.1 Thomas von Aquin

Die Lehre des Thomas von Aquin (1225–1274) weist jegliche Trennung von Geist und Materie, wie sie durch Platon geprägt wurde, zurück. Denn Thomas von Aquin sieht darin eine Geringschätzung der Dinge, die den Sinnen zugänglich sind, als unsachgemäße Handlung gegenüber Gott, der alles, was existiert, geschaffen hat.

Wissenschaftsverständnis und Kosmologie* des Thomas von Aquin

Die Vernunft ermöglicht es dem Menschen, die Gesetze des Kosmos zu erschließen. Dazu nimmt er die theoretischen und praktischen Wissenschaften in Anspruch. Jegliche menschliche Forschung dient der Herrschaft des Menschen über das Universum in dem Sinne, dass der Mensch der Schöpfung zu ihrem Ziel verhilft, nämlich die Ganzheit des menschlichen Lebens als tugendhaftes und rationales Sein zu verwirklichen. Indem die Wissenschaft und der sich daraus ergebende Fortschritt in ein Wissenschaftsverständnis eingebettet sind, das Wissenschaft als „Tochter Gottes“ betrachtet, erhalten sie einen tugendhaften Charakter. Die Zuordnung zur Botschaft des Evangeliums verhindert den Missbrauch von Wissenschaft und Fortschritt.

Der Mensch bei Thomas von Aquin

Im Menschen sind Materie und Geist miteinander verbunden; sie machen seine Ganzheit aus. Der Geist des Menschen entfaltet sich in Verbindung mit der leiblichen Seite seiner Natur, nicht in der Flucht aus ihr. Es gibt keine Gespaltenheit der Seele, die sowohl auf das Ewige als auch auf das Zeitliche ausgerichtet ist. Als **Ebenbild Gottes** lebt der Mensch vernunftbegabt. Er hat einen freien Willen, der auf das ganzheitliche Sein bezogen ist.

Das Gottesverständnis bei Thomas von Aquin

Gott hat die Welt erschaffen und sie dem Menschen anvertraut. Von daher haben alle Lebewesen Anteil am göttlichen Sein. Alles Geschaffene ist von Gott abhängig, jedoch in einer Weise, die bewusst macht, dass in Gott die Quelle für seine Existenz und der Anstoß zur freien Entfaltung liegt. Wir kommen aus Gott, dennoch lässt er uns die Freiheit, selbstbestimmt zu leben, da wir seine Ebenbilder sind.

Gott kann durch die Vernunft erkannt werden, denn er ist der erste Beweger, der alles in Bewegung versetzt. Somit ist Gott die erste wirkende Ursache. Die Entwicklung des Seins geht aus Gott hervor. Die Zielgerichtetheit, der Zweck der Natur, ist Gott.

Zwischen **Wissen und Glauben** gibt es keinen Widerspruch, da die Wahrheit aus Gott kommt. Der christliche Glaube ist übervernünftig, aber nicht widervernünftig.

Die Erkenntnislehre des Thomas von Aquin

Thomas von Aquin ist **Empiriker*.** Nach ihm stammt alles Material unserer Erkenntnis aus der Erfahrung, die uns die Sinne vermitteln, wobei der Intellekt das Material weiter ausformt. Durch die sinnliche Erfahrung werden wir die einzelnen Gegenstände gewahr, aber das eigentliche „Interesse" des Verstandes ist auf das Wesen des Objektes gerichtet, zu dessen Erkenntnis der Geist die Phantasie benötigt. Die richtige Erkenntnis ist erreicht, wenn das Bild, das im Geist vorhanden ist, mit der Wirklichkeit übereinstimmt.

Der **Wahrheitsbegriff** des Thomas von Aquin definiert sich demgemäß als Gleichheit zwischen dem Inhalt der Gedanken und dem Objekt der Realität, über das man sich Gedanken macht.

2.3.2 Nikolaus Kopernikus

Mit Nikolaus Kopernikus (1473–1543) ist das Schlagwort von der *„kopernikanischen Wende"* verbunden. Seine kosmologischen Forschungen ergaben, dass nicht die Erde, sondern die Sonne im Mittelpunkt des Kosmos steht und dass sich die Erde um ihre eigene Achse und um die Sonne dreht. Das Revolutionäre, das die „kopernikanische Wende" ausmachte, lag in der für die damalige Zeit absurd erscheinenden Erkenntnis, dass die von unseren Sinnen wahrgenommene Bewegung von Sonne, Mond, Planeten und Fixsternen auf die Kreisbewegung der Erde zurückzuführen ist. Das widersprach aller sinnlichen Wahrnehmung, die die Erde als ruhend und unverrückbar empfand. Die wahrgenommene Gestirnbewegung wurde als Schein entlarvt. Kopernikus gelang eine Erkenntnis, die die gedankliche Überwindung der sinnlichen Wahrnehmung voraussetzt. Damit setzte er sich vom Weltbild des Geozentrismus, wie es durch die aristotelisch-ptolemäische* Wissenschaft geprägt worden war, ab.

Das aristotelische Weltbild, die geozentrische Physik und die Absolutheit der sinnlichen Erkenntnisse wurden von Kopernikus widerlegt. Kopernikus legt seiner Wissenschaft ein **heliozentrisches Weltbild*** zugrunde.

Der Mensch im Verständnis von Nikolaus Kopernikus

Die Fragen über die Stellung des Menschen im Kosmos waren für Kopernikus bedeutsam, da er in den Auseinandersetzungen mit einigen Vertretern der Scholastik* stand. Deren Prämisse* propagierte die Vertreibung des Menschen aus der Wirkungsregion des Göttlichen, der Region oberhalb des Mondes, und wies ihm einen gottfernen Platz im Universum zu. Die Möglichkeit, über die höheren Sphären durch die Vernunft Kenntnis und Erkenntnis zu erlangen, wurde ihm so versagt. Alles, was existiert, hat in einer hierarchischen Seinsordnung Anteil an Gottes Sein. Gott ist die Garantie für den Fortbestand dieser fest gelegten Ordnung. Der Mensch, der in diese Seinsordnung eingefügt ist, lebt zwischen der Angst, dem ewigen Unheil in der Hölle zu verfallen, und der Hoffnung, in Gottes Handeln die ewige Seligkeit zu erlangen.

Kopernikus dagegen vertrat ein **anthropozentrisches* Verständnis,** nach dem die Welt von Gott für den Menschen geschaffen wurde und durch ihn ihren Sinn erhält. Die Welt ist von der Vernunft geprägt. In Anlehnung an die Mathematik des Pythagoras liegt ihr eine Vernunft der Zahlen und geometrischen Formen zugrunde, woraus Kopernikus ableitete, dass den Ordnungsprinzipien der Vernunft die Ordnungsprinzipien des Kosmos entsprechen. Das **Ziel wissenschaftlicher Erkenntnis**, das sich aus diesen Prinzipien ableitet, ist es, das Wesen der Dinge zu erfassen, d. h. besonders ihre Gesetzmäßigkeit offen zu legen. Die gesamte materielle Welt kann durch die menschliche Vernunft erfasst werden.

Zusammenfassung: Das Weltbild im Denken des Mittelalters

Im mittelalterlichen Weltbild treffen Gedanken der griechischen Philosophie und Glaubensaussagen der Bibel aufeinander. Die Erkenntnis der Weltwirklichkeit und der Gottesglaube gehören zusammen, da sich die **Offenbarungen Gottes in der Natur** erkennen lassen.

Die **Welt** wurde von Gott geschaffen. Sie ist räumlich, endlich und geschlossen. Da sie ihren Anfang im Schöpfungsakt Gottes und ihr Ende, das zugleich ihre Neuschöpfung ist, in Jesus Christus hat, erhält sie geschichtlichen Charakter.

2.4 Naturwissenschaftler des 16. und 17. Jahrhunderts

2.4.1 Giordano Bruno

Giordano Bruno (1548–1600) stellte eine Verbindung zwischen Metaphysik und Physik her, womit er weder einer streng empirischen Vorgehensweise noch dem auf Beobachtung bezogenen Wissenschaftsansatz seines Vorgängers Kopernikus entsprach. Wo er von organischen Zusammenhängen, Weltseele, Ganzheit und Spiritualität* spricht, bringt er sich in Widerspruch zu den naturphilosophischen und naturwissenschaftlichen Überzeugungen seiner Zeit.

Kosmologie bei Giordano Bruno

Die **Erde** ist für Bruno ein Organismus, der ein Teil des kosmischen Ganzen ist. Der Kosmos ist durchwirkt von Leben, denn etwas, das einen Organismus hervorbringt, kann nur selbst etwas Organisches sein. Alle Gestirne sind belebt von der **Weltseele**, einer spirituellen* Kraft.

Gott bei Giordano Bruno

Gott ist die Einheit auf dem Grund der Dinge und daher identisch mit der Wahrheit, der Weisheit und Schönheit. Diese Einheit ist die Widerspiegelung der lebendigen Ganzheit des Weltorganismus, woraus sich ergibt, dass der Kosmos beseelt, belebt und mit Bewusstsein – der Weltseele – ausgestattet ist, die jegliche Bewegung bewirkt.

Giordano Brunos Erkenntnislehre

Der **Intellekt des Menschen** kann die Dinge „an sich", d. h. ihr eigentliches Wesen, nicht erfassen. Die Sinnesorgane können nur eine Erkenntnis vermitteln, die der Erdoberfläche verhaftet ist. d. h. nur eine Form der Erscheinung zeigen. Das Unendliche und Gott sind keine Gegenstände der Sinneswahrnehmung. Wer dem Materiellen verhaftet bleibt, ist außerstande, wahre Erkenntnis zu erlangen, da er den Täuschungen der Sinneswelt unterliegt.

Der **Ursprung allen Lebens** ist die göttliche Vernunft, die in die Materie hineingegeben wurde. Die Erkenntnis dieser Vernunft – des Logos – geht einher mit der Bewusstwerdung des eigenen Ursprungs im Absoluten. Diese Erkenntnis macht den Menschen zum „Lichtwesen", das in der Lage ist das göttliche Licht wahrzunehmen.

Eine **Brücke zwischen Naturwissenschaft und Christentum** kann es aus der Naturphilosophie Brunos heraus nicht geben, da er das Christentum für eine natur- und kosmosfeindliche Religion hält:

- Der christliche Erlösungsbegriff verneine den Gedanken der kosmischen Gerechtigkeit.
- Die christliche Religion negiere den Kreislauf der Seelenmonaden.
- Der Gottesglaube im Christentum sei anthropomorph*.
- Der Trinitätsgedanke* widerspreche der göttlichen Einheit.
- Die Lehre vom eingeborenen Gottessohn sei, kosmisch gesehen, absurd.
- Es könne keine Weltschöpfung aus dem Nichts geben, denn alles sei schon ewig vorhanden.

2.4.2 René Descartes

Die wissenschaftlichen Grundprinzipien Descartes'

In seinem Hauptwerk „*Discours de la méthode pour bien conduire sa raison et chercher la vérité dans les sciences*" (Abhandlung über die Methoden des Vernunftgebrauchs und der wissenschaftlichen Wahrheitsforschung, 1637), erläutert Descartes (1596–1650) seine wissenschaftlichen Grundsätze:

Der] *erste* war: niemals eine Sache als wahr anzunehmen, die ich nicht als solche sicher und einleuchtend erkennen würde, das heißt sorgfältig die Übereilung und das Vorurteil zu vermeiden und in meinen Urteilen nur soviel zu begreifen, wie sich in meinem Geist so klar und deutlich darstellen würde, dass ich gar keine Möglichkeit hätte, daran zu zweifeln.

[Der] *zweite*: jede der Schwierigkeiten, die ich untersuchen würde, in so viele Teile zu zerlegen als möglich und zur besseren Lösung wünschenswert wäre.

[Der] *dritte*: meine Gedanken zu ordnen; zu beginnen mit den einfachsten und fasslichsten Objekten und aufzusteigen allmählich und gleichsam stufenweise bis zur Erkenntnis der kompliziertesten, und selbst solche Dinge irgendwie für geordnet zu halten, von denen natürlicherweise nicht die einen den anderen vorausgehen.

Und [der] *letzte:* überall so vollständige Aufzählungen und so umfassende Übersichten zu machen, dass ich sicher wäre, nichts auszulassen.

aus: René Descartes: Discours de la méthode pour bien conduire sa raison et chercher la vérité dans les sciences, (dt.: Abhandlung über die Methode des richtigen Vernunftgebrauchs und der wissenschaftlichen Wahrheitsforschung, 1637), Reclam: Stuttgart 1998, S. 18f.

Mit diesen Grundsätzen revolutionierte Descartes die Wissenschaft, da seine Methode zur **Trennung von Leib** (dem Wahrnehmbaren) **und Seele** (dem Unsichtbaren) führte und die Spaltung von Subjekt und Objekt bewirkte. Sie begründete die physikalische Biologie und ermöglichte die analytische Geometrie und die geometrische Optik.

Descartes' Methode ist der **radikale Zweifel,** denn wenn der Mensch zweifelt, denkt er; er wird sich im Zweifel seiner selbst als denkendes Wesen gewiss: *„cogito ergo sum"* – ich denke, also bin ich; das ist sein unerschütterlicher Ausgangspunkt. Diese Gewissheit ist Wahrheit, denn alles, was klar und deutlich zu erkennen ist, ist wahr.

Die Erkenntnislehre Descartes'

Nur das Denken ist gewiss. Durch den Denkvorgang erkennt der Mensch, dass er existiert: *„je pense, donc je suis"* – ich denke, also bin ich. Dieses Erkenntnisvermögen ist von Gott geschenkt und nimmt nichts wahr, das nicht wirklich ist. Auch unsere Erkenntnis ist rational-mechanistisch erklärbar, denn als vollgültige Erkenntnis ist nur das anzusehen, was der denkende Verstand in rationalen und mathematischen Begriffen ausdrücken kann.

Gott in der Lehre Descartes'

Die Seele findet verschiedene Ideen in sich vor, von denen eine „Gott" ist. Durch die **Idee Gottes** im Bewusstsein ist ein zwingender Beweis für seine Existenz als das höchste Wesen gegeben. Ursache für die Idee ist Gott. Er ist die Ursache für alles Seiende und die Quelle der Erkenntnismöglichkeiten.

Auch die **Physik** ist erst durch den Bezug auf Gott möglich und kann ohne ihn nichts erklären. Denn die Materie erhält Gestalt und Bewegung, weil Gott sie in Bewegung versetzte. Er ist die Erstursache der Bewegung. Gott und Welt, Gott und Physik gehören zusammen, da die Naturphänomene wie Ausdehnung, Gestalt und Bewegung von Gott erdachte Naturgesetze sind.

2.4.3 Johannes Kepler

Johannes Kepler (1571–1630) beschrieb in seinem Hauptwerk *„Mysterium Cosmographicum“* von 1596 sein Bestreben, die der Welt zugrunde liegende Harmonie zu erkennen und das göttliche Schöpfungsgeheimnis zu enträtseln. Für ihn konnte es somit keine Wissenschaft geben, die von ethischen Erwägungen frei war. Die **Natur** ist die Offenbarung Gottes und eine Forschung, die in die übersinnliche Welt eindringen will; sie verlangt vom Menschen ethisch-moralische Fähigkeiten wie Ehrfurcht, Staunen, Bewunderung, Verehrung und Andacht. Kepler war ein Forscher, der von seiner religiös-spirituellen Grundhaltung motiviert zur **Weltharmonik** vorstoßen wollte. Ihm ist die überpersönliche Welt eine Realität, die durch geistige Vorstellungskraft erfasst werden kann. Er schränkt Wahrnehmung und Denken nicht auf die Sinnenwelt ein, denn Gott gab dem Menschen die Vernunft, um beide Welten, sowohl die sinnliche als auch die übersinnliche, durch Denken zu erkennen. Deshalb waren ihm **materielle und ideelle Zugänge zur Welt** in gleicher Weise bedeutsam.

Gotteserkenntnis im Denken Keplers

Im wissenschaftlichen Handeln ließ Kepler sich ausschließlich von mathematisch messbaren Tatsachen der von ihm untersuchten Objekte leiten und legte seinen Arbeiten beobachtbare Erfahrungsaussagen und Berechnungen zugrunde, die ihm allesamt als Ausdruck ewiger Gesetze und göttlicher Proportionen galten. Als methodisch strenger Wissenschaftler ist Kepler auf der Suche nach den göttlichen Grundlagen der Welt: **Naturkenntnis und Gotteserkenntnis** gehören zusammen.

2.4.4 Galileo Galilei

Das Wissenschaftsverständnis Galileis

Galileo Galilei (1564–1642) begründete ein Wissenschaftsverständnis, das durch die Methoden der messenden Beobachtung und des mathematischen Beweisverfahrens gekennzeichnet ist. Für die moderne Naturwissenschaft schuf er die Grundlagen durch quantitative* Methoden, die besonders durch das Experiment zu Erkenntnissen und Voraussetzungen der naturwissenschaftlichen Forschung wurden und damit die moderne Physik und den Aufstieg der Technik begründeten.

Wissenschaft war von jetzt an nur noch das, was als Messbares sichtbare Beweiskraft hatte. Die Mathematik spielte dabei eine immens wichtige Rolle, denn mit ihrer Hilfe konnten die Gesetzmäßigkeiten der Natur in „Sprache" übertragen werden.

Theologie und Physik bei Galileo Galilei

Bis zum Mittelalter war die Theologie die „Königin" der Wissenschaften, als deren „Mägde" die Philosophie, Medizin und Jurisprudenz galten. Nun verlor sie durch die naturwissenschaftlichen Methoden des Messens, Beobachtens und denkenden Forschens an Bedeutung. Durch die Beschränkung auf die methodischen Vorgehensweisen von Maß, Zahl und Gewicht wurde die exakte und objektive Forschung begründet. Es ergab sich ein **Bruch zwischen Theologie und Naturwissenschaft,** der noch das neuzeitliche Denken beeinflusst, und zwar in der Form, dass die Theologie die göttliche Offenbarung als Gegebenheit ansieht – für die Naturwissenschaft aber die Natur und die messende Beobachtung das Gegebene sind. Die **Theologie** ist auf die innere Erfahrung und das Verhältnis der Glaubensinhalte gegründet, die **Naturwissenschaft** hingegen auf die äußere Erfahrung und die Erkenntnis der Naturgesetze.

Zum Fall Galileo Galilei

Galilei unterstützte die Lehre vom heliozentrischen Weltbild, so wie sie durch Nikolaus Kopernikus und Johannes Kepler vertreten wurde. Damit geriet er in Opposition zum geozentrischen Wirklichkeitsverständnis, das die Weltsicht der katholischen Kirche auf der Grundlage der biblischen Aussagen bestimmte. Als das heliozentrische Weltbild 1515/1516 durch die katholische Kirche verboten wurde, kam es zu einer ersten Ermahnung Galileis, mit der er aufgefordert wurde, den Ansichten der Kirche zu folgen. Dennoch vertrat Galilei weiterhin die Lehre von Kopernikus und Kepler. Schließlich wurde 1633 Anklage gegen Galilei erhoben und ein Inquisitionsverfahren gegen ihn eröffnet. Er wurde aufgefordert, von seiner Meinung, dass die Sonne und nicht die Erde der Mittelpunkt der Welt sei, in Wort und Schrift Abstand zu nehmen. Galilei beugte sich der Inquisition und schwor seiner Lehre ab.

Vor dem Hintergrund der Verhältnisbestimmung von Glaube und Naturwissenschaft lautet die zentrale Frage, von der der Fall Galilei durchzogen wird, warum die katholische Kirche naturwissenschaftliche Erkenntnisse nicht anerkennen wollte und warum sie vernünftiges Denken verurteilte. Hierzu können folgende Überlegungen angestellt werden: Im Falle Galileis geht es um eine Verurteilung naturwissenschaftlicher Erkenntnisse durch die katholische Kirche. Zusammenhänge, die auf einer empirischen Grundlage beruhen, wurden durch theologisches Denken bestritten. Vernünftiges Denken wurde vonseiten der Kirche und Theologie zurückgewiesen. Eine Anerkennung der empirischen Aussagen Galileis war der Kirche nicht möglich, da sie die biblische Darstellung insbesondere des Schöpfungsberichts als getreue Wirklichkeitsabbildung verstand. Der Grund der kirchlichen Nichtanerkennung der Galileischen Erkenntnis kann in der Überlegung gesucht werden, dass Galilei den subjektiven Anteil an der Naturerkenntnis leugnete. Galilei läutete eine Entwicklung ein, die letztlich darauf hinaus läuft, die Natur und die Wirklichkeit frei, d. h. „gottlos", verfügbar zu machen. Ein weiterer möglicher Grund zur Verurteilung Galileis liegt in der Furcht der Kirche vor der Gottlosigkeit der Wissenschaft insgesamt. Der Mensch will die Natur beherrschen und verfügbar machen. So verliert er den Blick für das Ganze. Die Distanz der Kirche zu den Naturwissenschaften hat erst naturwissenschaftliches Denken in eine kirchenferne und gottlose Richtung gedrängt. Galilei hatte sich anfangs um das Miteinander von Naturwissenschaft und Religion bemüht und die Widerspruchslosigkeit beider Wirklichkeitserschließungen aufgezeigt. Dass die Kirche die Dialogbereitschaft Galileis nicht ernst nahm und sich stattdessen für die Unterdrückung seiner Position entschloss, zeigt ihre Grenzüberschreitung.

2.4.5 Blaise Pascal

Blaise Pascal (1623–1662) führt das mathematisch-wissenschaftliche Erkenntnisideal der „Klarheit und Deutlichkeit“ von Descartes weiter, obwohl er sich über die Ohnmacht der endlichen Vernunft im Klaren ist. Dennoch ist er ein Verfechter des **„geometrischen Geistes“** und der neuen Wissenschaft. Sein wissenschaftliches Arbeiten ist geleitet von einem methodisch-rationalen Vorgehen und der gleichzeitigen Haltung, dass das rein rationale und mathematische Erkennen die tiefsten Bedürfnisse unserer Menschennatur nicht erreicht und die wesentlichen Fragen nicht beantwortet. Pascal wird zu einem Verfechter des Menschen, den er im Zwiespalt zwischen Vernunft und Herz sein Leben führen sieht. Auch Pascals Wissenschaftsverständnis ist von diesem Konflikt geprägt.

Das Wissenschaftsverständnis Blaise Pascals

Wissenschaft ist der Schritt von der geschlossenen Welt zum unendlichen Universum. Sie ermöglicht einen Zugewinn an Erkenntnismöglichkeiten. Aber sie vermag nicht die Frage nach dem Wozu der menschlichen Existenz zu beantworten. Sie kann zu einer Verschleierung der grundlegenden menschlichen Lebensbedingungen führen, wenn die Fortschrittsgläubigkeit ihr einziges Ziel ist. Andererseits fordert sie die Selbstverantwortung des Menschen heraus.

Gott und die Wissenschaft bei Pascal

Pascal ist als Wissenschaftler und Mathematiker ein tief religiöser Mensch.

Gott stellt für ihn das Unsichtbare im Sichtbaren dar und es kommt allein auf den Glückszustand der Seele an, der es möglich macht, Gott im Herzen zu spüren. Der Vernunft ist Gott hingegen ein Ärgernis, denn er ist unendlich unbegreifbar.

Pascal geht es um einen rational zu verantwortenden Glauben und eine Vernunft, die sich dem Glauben nicht verschließt. Beide Erkenntnisweisen, sowohl die Vernunft als auch der Glaube, machen die menschliche Wirklichkeit aus. Somit wird für ihn die Frage, ob das Sein durch den Glauben nach dem Leitsatz *„credo, ergo sum“* („ich glaube, also bin ich“) zu begründen ist, zu der Haltung: *„crede, ut intelligas“* („ glaube, um zu erkennen“) und *„intellige, ut credas“* („erkenne, um zu glauben“).

Der Mensch in der Lehre Pascals

Der Mensch lebt in Unsicherheit und Ausgesetztheit, denn im unbegrenzten Raum des Kosmos hat er seine Mittelpunktstellung verloren, er ist zum „Staubkorn" geworden. Trotz dieses Missverhältnisses kann er zuversichtlich sein, denn durch das Herz erlangt er die tiefsten Einsichten in die Ordnung der Liebe, die die anderen Ordnungen in sich aufhebt.

Dem **Verstand** ist weder die Erklärung des Endlichen noch des Unendlichen möglich. Der Mensch ist gerade durch die Fehlbarkeit seines Geistes groß geworden, mit dem er die eigenen Unzulänglichkeiten erkennen kann. Die Wissenschaft und die Mathematik können nicht viel ausrichten, wenn es um das Streben des Menschen nach Glück geht.

Die Erkenntnislehre Pascals

Das Pascalsche Erkenntnisideal orientiert sich an der Mathematik und dem geometrischen Geist. Die Mathematik definiert alle ihre Begriffe und beweist ihre Aussagen. Die Methoden des Beweisens und Definierens haben jedoch ihre Grenzen, denn nicht alle Begriffe lassen sich definieren, nicht jede Aussage beweisen. Alle ihnen zugrunde liegenden Ableitungen führen zu **Axiomen***, also letztlich unbeweisbaren Aussagen, die aber zugleich wiederum die Voraussetzungen jeglicher Beweisführung sind. Unter Anerkennung dieser Begrenzung liefert die Mathematik zuverlässiges Wissen.

Als Physiker wendet sich Pascal gegen metaphysische Behauptungen und tritt für das Experiment als Grundlage physikalischer Wahrheitsfindung ein. Durch dieses empirische Prüfverfahren können so Hypothesen aus der Beobachtung zu gesichertem **Erfahrungswissen** werden.

2.4.6 Isaac Newton

Die Forschungen von Isaac Newton (1643–1727) beschäftigten sich mit den Fragen, welche Kräfte zwischen den Körpern wirken und von welchem Ursprung Licht und Farben sind. Die Sprache, in der die Beziehungen zwischen diesen Phänomenen ausgedrückt werden können, ist die Mathematik. Newtons **wissenschaftliches Erkenntnisinteresse** ist zudem von der Frage bestimmt, wie die Planeten auf ihrer Bahn um die Sonne gehalten werden. Erklärungen dafür findet er vor allem durch den Pendelversuch zur Ermittlung der Erdanziehung, das Trägheitsprinzip, die Entdeckung der Gravitations- und Zentrifugalkraft sowie die Gesetze des freien Falls und des Wurfs.

Das Wissenschaftsverständnis bei Newton

Newtons Wissenschaftsverständnis wird von der Überzeugung getragen, dass **Forschung** wahres Wissen ermöglicht. Das **Ziel naturwissenschaftlicher Forschung** ist für ihn somit die richtige Erkenntnis von unverändert gültigen Aussagen. Um diesen Anspruch einzulösen, ist das Experiment zur Bestätigung **(Verifikation*)** oder Widerlegung **(Falsifikation*)** der Theorie am besten geeignet. Es ermöglicht Erkenntnisse, die vom Subjekt unabhängig sind und somit objektiven Gültigkeitsanspruch erlangen.

Die Kosmologie in der Lehre Newtons

Mit der Entdeckung der Bewegungs- und Gravitationsgesetze schuf Newton die Grundlagen einer neuen Physik, d. h. auch einer veränderten Kosmologie, mit der er sich vom mechanistischen Erklärungsmodell dieser Phänomene durch Descartes absetzte.

Gott im Denken Newtons

Trotz aller physikalischer Regelgesetze und mathematischer Formelsprache stellt Newton sein Weltsystem ausdrücklich als einen unübersehbaren Hinweis auf die **Existenz und das Wirken Gottes** dar. Die Gottesfrage war seit dem 17. Jahrhundert besonders schwierig geworden, da zwar die Naturwissenschaftler zum einen die Existenz Gottes durch Forschungen im „Buch der Natur“ nachweisen wollten, sie jedoch andererseits bei ihrem methodischen Vorgehen nur die durch die Sinne und das Experiment gewonnenen Erkenntnisse als gültig betrachteten. Außerhalb der sinnlichen Wahrnehmung Liegendes entzog sich dieser naturwissenschaftlichen Methode.

Für Newton ist der Endzweck aller Naturwissenschaften die Diskussion über Gott aufgrund der Zweckmäßigkeit und Harmonie der Natur, die sich in ihrer mathematisch nachvollziehbaren Struktur ausdrückt.

Gott ist der Baumeister und die erste Ursache dieser Gesetze. Er ist als nichtmechanisches, unkörperliches, lebendiges und intelligentes Wesen im absoluten Raum anwesend. Gott ist unendlich, allmächtig, allwissend und allgegenwärtig. Der Wissenschaftler kann ihn aus seinem Wirken deuten und er ist von ihm in seiner Natur und seinem Schöpfungshandeln zu erkennen.

Wissenschaftlich gesehen kann eine Existenz, die vom sinnlich wahrnehmbaren und wissenschaftlichen Forschen sowie vom Subjekt unabhängig ist, kein Forschungsgegenstand sein. Sinnfragen sind der Metaphysik und Theologie zuzuweisen; alle Erkenntnisse und Gesetze hingegen, die vom Menschen unabhängig sind, gehören zum Forschungsgebiet der Naturwissenschaften. Damit begann der Konflikt um die **Trennung von Physik und Metaphysik***.

Zusammenfassung: Das Weltbild im Denken des 16. und 17. Jahrhunderts

Das Weltbild des 16. und 17. Jahrhunderts ist von Wirklichkeitsdeutungen geprägt, die auf der einen Seite die göttliche Beseeltheit der Materie und des Kosmos hervorheben, andererseits Wirklichkeit rein mechanisch verstehen.

Der Zugang zur Erkenntnis der Weltwirklichkeit wird durch den „geometrischen Geist" des **rationalen Bewusstseins** und der **Gesetze der Mathematik** ermöglicht. Andererseits führt erst der **radikale Zweifel** an jeglicher Erkenntnis dazu, das Denken als die einzig sichere Erkenntnisquelle des menschlichen Bewusstseins anzuerkennen. Die wesentlichen Fragen z. B. nach dem „Wozu des Daseins" kann der denkende Verstand jedoch nicht beantworten. Der Mensch gestaltet sein Leben sowohl nach den Gesetzen der Vernunft als auch nach der Stimme seines Herzens. Aber der Mensch des 16. und 17. Jahrhunderts ist verunsichert, seitdem er weiß, dass er mit der Erde seinen zentralen Platz im Kosmos verloren hat.

Für das Vorgehen der Wissenschaft sind die Kriterien der **Exaktheit** und **Objektivität** leitend geworden. Alles Subjektive muss gegenüber dem zu erforschenden Objekt außer Betracht bleiben. Das **Experiment** wird zum bestimmenden methodischen Instrumentarium, das dem wissenschaftlichen Ideal der Trennung von Subjekt und Objekt nahe kommt.

Mit den genannten wissenschaftlichen Erkenntnisschritten wird konsequenterweise der Bruch zwischen Theologie und Naturwissenschaft eingeleitet. **Gott** ist der Gestalter und Beweger der Materie, er ist die erste Ursache und der Endzweck der Natur, die Weltseele des Kosmos. Aber er kann kein „Gegenstand" wissenschaftlichen Forschens sein, da er nicht dem Bereich der sinnlichen Wahrnehmung angehört. Die Naturwissenschaften erforschen die Natur unter anderem durch Messungen und Beobachtungen, die auf äußere Entwicklungen gerichtet sind; die Theologie formuliert ihre Erkenntnisse als Ausdruck göttlicher Offenbarung und innerer Erfahrungen. Ihr Interesse ist auf die Sinnfragen des Lebens gerichtet.

Damit spalten sich naturwissenschaftliche Welterkenntnis und Gottesglaube auf.

2.5 Naturwissenschaftler und Philosophen des 18. und 19. Jahrhunderts

Das naturwissenschaftliche Denken des 18. und 19. Jahrhunderts wurde durch die Wissenschaftler und Philosophen seiner Zeit entscheidend beeinflusst, vor allem durch die Franzosen JOSEPH LOUIS LAGRANGE (1736–1813), PIERRE-SIMON LAPLACE (1749–1827), JULIEN OFFRAY DE LAMETTRIE (1709–1751) und VOLTAIRE (1694–1778), durch den englischen Physiker JAMES CLERK MAXWELL (1831–1879) und durch die ebenfalls aus England stammenden Aufklärer JOHN LOCKE (1632–1704) und DAVID HUME (1711–1776) sowie die deutschen Philosophen IMMANUEL KANT (1724–1804) und KARL MARX (1818–1883).

Im Zeitalter der **Aufklärung*** waren die geistes- und naturwissenschaftlichen Strömungen von einer Haltung gekennzeichnet, die nur diejenigen Vorstellungen und Erscheinungen als sinnvoll anerkannte, die materielle Erklärungsmöglichkeiten boten. Als wahre Erkenntnis galt das, was durch die sinnliche Wahrnehmung erfahren und der Vernunft einsichtig wurde.

Vor diesem Hintergrund bildete der **Materialismus*** die tragende Weltanschauung mit dem Anspruch, dass die Wirklichkeit durch die Erscheinungen bestimmt ist, die aus der empirischen Beobachtung ableitbar sind. Das naturwissenschaftliche Interesse richtete sich primär auf die **Kausalgesetze***, mit denen Naturzusammenhänge durch beobachtbare Ursachen und Wirkungen erklärt werden. Kein Platz blieb in dieser mechanisch-materialistischen Naturauffassung für übernatürliche Vorgänge. Die Metaphysik* wurde endgültig verworfen, denn die Wirklichkeit ist physikalisch erklärbar. Selbst der Mensch wurde als **„l'homme machine"** betrachtet, als Wesen, das nach mechanischen Grundsätzen „funktioniert". Als wahre Wissenschaften galten Mathematik (Algebra und Geometrie) und Mechanik, da sie es ermöglichten, die Sinneserfahrungen in mathematisch fassbaren Beziehungen auszudrücken.

2.5.1 Immanuel Kant

Immanuel Kants Naturlehre

In seiner *„Allgemeinen Naturgeschichte und Theorie des Himmels"* (1755) vertritt Kant eine Theorie über die Entstehung der Welt und der Planeten in Anlehnung an die Physik Newtons. Danach ist die Bewegung der Planeten auf die Einwirkung der Gravitation und die Gesetze von Anziehung und Abstoßung zurückzuführen. Diese Kräfte sind mechanisch erklärbar, daher ist es nicht nötig, übernatürliche Einflüsse für die Entstehung der Welt anzunehmen. Für die Herkunft der Materie und ihre Fähigkeit, sich aus einem chaotischen Anfangszustand in einen geordneten Kosmos zu verwandeln, muss jedoch ein Schöpfer angenommen werden.

Die Religion im Denken Kants

Die menschliche Vernunft hat das Bestreben, über die Erscheinungen in Raum und Zeit hinaus zu gelangen. Denn die Erkenntnis, die allein an das Erfahrungswissen gebunden ist, stellt den Menschen nicht zufrieden. Sein metaphysisches Bedürfnis ist auf eine Einheit im Unbedingten, die Ideen, ausgerichtet, aus dem sich seine Fragen nach dem Wesen der Seele, der Welt und Gott ergeben. Dabei ist die Idee Gottes das Ideal der reinen Vernunft. Sie ist ein Vernunftbegriff, der das Denken reguliert. Gott ist denkmöglich, denn die Idee eines Gottes enthält in sich keinen Widerspruch. Über die objektive Realität und Erfahrungsmöglichkeit dieser Idee lässt sich jedoch nichts ausmachen.

Die metaphysischen Ideen Gott, Freiheit und Unsterblichkeit der Seele können von der theoretischen Vernunft nicht bewiesen, aber auch nicht widerlegt werden. Eine Religion vom Wissen her ist nicht möglich, vom Handeln her durchaus. Erst die praktische, auf das Handeln ausgerichtete Vernunft, die sich aus dem eigenen, inneren Sittengesetz des „Du sollst …" speist, ermöglicht die Freiheit des menschlichen Willens und seine moralische Verwirklichung. Freiheit wird bei Kant daher als die erste Voraussetzung der praktischen Vernunft verstanden. Aus der Erfahrung, dass der Mensch das moralische Gesetz, das er in sich trägt, während seiner Lebensspanne nicht in aller Vollkommenheit auszufüllen vermag, folgt, dass seine Existenz auf eine Unendlichkeit ausgelegt ist, die – wie die Freiheit – weder bewiesen noch widerlegt werden kann. Jedoch muss die Unsterblichkeit der menschlichen Seele als zweite Voraussetzung der praktisch-moralischen Vernunft angenommen werden. Im praktischen Vollzug der Moral bzw. des Sittengesetzes ist Gott der Garant dafür, dass die Befolgung des moralischen Gesetzes und das Glücksstreben des Menschen zu einer Einheit finden. Gott garantiert dieses „höchste Gut" und er ist selbst das „höchste Gut". Das Dasein Gottes ist somit als dritte Voraussetzung der praktischen Vernunft anzusehen.

Gott, Freiheit und Unsterblichkeit, verstanden als ureigenste Bedürfnisse der praktischen Vernunft, ermöglichen das sittliche Handeln. Wer moralisch handelt, glaubt an Freiheit, Unsterblichkeit und Gott. Sittliches Handeln ist daher praktische Gottesbejahung. Durch die Religion erkennen wir unsere Pflichten, die so den Charakter göttlicher

Gebote tragen. Unsere Pflichten sind durch das Sittengesetz festgelegt und die Religion erweist sie als Pflichten, die von Gott in unsere Vernunft gelegt wurden. Der Glaube muss sich der Vernunft unterordnen, d. h. er darf in den Grenzen der theoretischen Vernunft nicht behaupten, Wissen zu vermitteln. In der praktischen Vernunft, im Handeln, erweist sich der Glaube jedoch als Anerkennung Gottes.

Kants Haltung zur Naturwissenschaft

In seinem Buch „Kritik der reinen Vernunft" (1781) beantwortet Kant die Frage „Wie ist reine Naturwissenschaft möglich?" auf der Grundlage erkenntnistheoretischer Überlegungen: Die Gesetze der Natur, so wie wir sie als Erscheinungen wahrnehmen, sind ein Produkt unseres Verstandes. Das heißt, dass unser Denken die Natur „macht". Und es heißt außerdem, dass unsere Erkenntnis über die Natur sich nicht nach den in ihr vorkommenden Gegenständen richtet, sondern dass sich die Gegenstände erst durch unsere Erkenntnisweise formieren. Demnach ist der Mensch der Gesetzgeber der Natur. An den Vorstellungen von Raum und Zeit lässt sich zeigen, was damit gemeint ist.

Die **Raumvorstellung** ist die Art und Weise, in der uns die Erscheinungen der Außenwelt durch die Sinne vermittelt werden. Sie ist unabhängig von aller Erfahrung „a priori" in unserer Anschauung vorhanden. Der Raum ist keine Erscheinung, die den Gegenständen der Wirklichkeit selbst zu Eigen ist. Er ist vielmehr eine Anschauung, die wir an die Gegenstände herantragen.

Ähnlich verhält es sich mit der **Zeit.** Wie für den Raum, so gilt auch für die Zeit, dass wir ohne sie keine Erfahrungen machen können. Die Zeit ist vor jeder Erfahrung „a priori" gegeben. Sie ist eine notwendige Form unserer Anschauung über die äußere Wirklichkeit, die empirische Realität für die Dinge als Erscheinungen hat. Sie wird von uns an die Dinge herangetragen, kommt ihnen „an sich", d. h. ihrem Wesen nach, aber nicht zu.

Kants Haltung gegenüber der Naturwissenschaft ist also hauptsächlich von naturphilosophischen Erwägungen in dem Sinne bestimmt, dass er die Erkenntnismöglichkeiten und Erkenntnisgrenzen der Wirklichkeit durch die menschlichen Sinne zu bedenken gibt und dem Glauben an die Allmacht der Vernunft einen Riegel vorschiebt.

2.5.2 Charles Darwin

In seinem 1859 erschienenen Buch *„Die Entstehung der Arten durch natürliche Zuchtwahl oder Die Erhaltung der bevorzugten Rassen im Kampf ums Dasein“*, legt Charles Darwin seine Gedanken und Erkenntnisse über die Neubildung von Pflanzen- und Tierarten dar. 1871 ergänzte er dieses Werk durch sein Buch *„Die Abstammung des Menschen und die geschlechtliche Zuchtwahl“*.
Hier führt er seine Erkenntnis aus, dass Menschen und Affen einer gemeinsamen Ahnenreihe entstammen.

Grundzüge der Evolutionstheorie

Für einen Schöpfergott ist im darwinistischen Denkansatz kein Platz, denn Darwins Evolutionstheorie* erklärt die Neubildung der Arten und deren Höherentwicklung auf natürliche Weise. Sie zeigt, warum die Nachkommen eines Lebewesens nicht gleich sind, sondern mit Variationen auftreten. Solche Veränderungen führt die Evolutionstheorie im Wesentlichen auf zwei Faktoren zurück, nämlich die **Mutation*** und die **Selektion***. Bei der Mutation handelt es sich um zumeist sprunghaft auftretende Änderungen von erblichen Merkmalen. Der zweite Faktor, der für die Artumwandlung verantwortlich ist, wurde von Darwin Selektion bzw. natürliche Zuchtwahl genannt. Besonders Tiere und Pflanzen bringen eine Überproduktion an Nachkommen hervor, von denen nur eine kleine Anzahl am Leben bleiben kann. Das führt dazu, dass die Arten in einem dauerhaften Wettbewerb um die günstigsten Lebensbedingungen stehen, dem so genannten „Kampf ums Dasein“. Diejenige Art, die am besten angepasst ist, überlebt und pflanzt sich fort, während die schlecht angepassten Arten ausgemerzt werden und wenige oder gar keine Nachkommen hervorbringen. Durch diesen Prozess der Selektion, also der natürlichen Zuchtwahl bzw. natürlichen Auslese durch die Umwelt, kommt es zum Artenwandel. Der Vorgang der Mutation hingegen bewirkt die Entstehung neuer Arten. Selektion und Mutation machen somit die Hauptfaktoren der Evolution des Lebens aus.

Mit **Evolution** beschreibt man in der Biologie den Werdegang und die Entstehung der Lebewesen sowie die Gesetzmäßigkeiten ihrer Entwicklung.

Durch die **Evolutionstheorie** werden die unterschiedlichen Formen der Lebewesen als eine Folge ihrer Anpassung an die Umwelt erklärt.

Darwins Sicht des Menschen

Wesentliche Schlüsselmerkmale weisen den Menschen als einen Primaten aus. Die **Primaten*** sind eine Säugetierordnung, zu der neben den Halbaffen und den Affen auch die **Hominoiden*** gehören, die Überfamilie, in die die Menschenaffen und der Mensch gestellt werden.

Der Mensch gehört einer Entwicklungslinie an, die sich vor etwa 7,5 Millionen Jahren von affenähnlichen Vorfahren getrennt hat. Nach chemischen Analysen des Erbguts hat der Schimpanse etwa 98 % seiner DNA mit dem Menschen gemeinsam und ist ihm näher verwandt als jedem Tier.

Die entscheidenden Schritte auf dem Weg zum Menschen waren der aufrechte Gang und die Zunahme des Hirnvolumens sowie die Erfindung, die Herstellung und der Gebrauch von Werkzeugen, die Entwicklung der Sprache, der Kunst und der Religiosität.

2.5.3 James Clerk Maxwell

James Clerk Maxwell (1831–1879) gehört zu den bedeutendsten Vertretern der Naturwissenschaft auf dem Gebiet der Physik im 19. Jahrhundert. Zu seinen Leistungen gehören insbesondere die Entdeckungen auf den Gebieten der Elektrizitätslehre, der Thermodynamik*, der Mechanik und Wärmelehre sowie der Farbtheorie und des Lichts.

Maxwells Wissenschaftsverständnis

Maxwells Elektrizitätslehre zeigt, dass sich elektrische und magnetische Kräfte im leeren Raum genau mit Lichtgeschwindigkeit wellenförmig fortpflanzen und dass das Licht ein elektromagnetisches Phänomen ist, nämlich die Wechselwirkung von elektrischen und magnetischen Wellen.

Es war die entscheidende Neuerung in den Forschungen Maxwells, dass seine **Gleichungen der Elektrodynamik** nicht mehr auf die Grundsätze der Mechanik zurückgeführt werden konnten, wie es noch in der klassischen Physik des 17. und 18. Jahrhunderts der Fall war. Der Zugang zur Wirklichkeit wird von nun an hauptsächlich darin gesehen, allein naturwissenschaftlich überprüfbare Phänomene als real anzuerkennen. Was den Kriterien der Wissenschaftlichkeit nicht entspricht, kann keinen Anspruch auf Wahrheit erheben. Mit dieser Absolutsetzung wissenschaftlicher Erkenntnisfähigkeit wurde eine Entwicklung eingeleitet, die in der Technisierung der Lebensumwelt dem menschlichen Forscherdrang Ausdruck verlieh. Die existenzielle Verunsicherung, wie sie der Mensch des 16. und 17. Jahrhunderts erlebte, wich einem Bewusstsein, das das Vertrauen in die Vernunft – entgegen der kritischen Beurteilung ihrer Leistungsfähigkeit durch Immanuel Kant – zum obersten Maßstab eigenständigen Handelns machte und den Menschen aus institutionellen Bindungen befreite.

Damit war ein neues Zeitalter angebrochen, in dem sich die Physik als **empirisch-analytische Wissenschaft** etablierte. Demnach kommt alle Erkenntnis aus der **Erfahrung.** Am Anfang jeder physikalischen Theorie stehen Messungen. Diese Messungen liefern Zahlenreihen, die in Form von mathematischen Funktionen darstellbar sind.

Zusammenfassung: Das Weltbild im Denken des 18. und 19. Jahrhunderts

Im Denken des 18. Jahrhunderts steht die **Vernunft** an oberster Stelle. Sowohl philosophisch als auch naturwissenschaftlich haben diejenigen Erkenntnisse Bedeutung, die durch Erfahrung gewonnen werden. Diese Haltung zentriert sich in der Weltanschauung des **Materialismus,** der als Wirklichkeit nur das anerkennt, was aus Beobachtungen und Messungen ableitbar ist.

Der **Mensch** ist, organisch betrachtet, von mechanischen Abläufen beherrscht. Seine geistigen Tätigkeiten erheben die Rationalität zum obersten Maßstab aller Entscheidungen. So wird der Mensch zu einem aufgeklärten Wesen, einem Wesen, das seine Unmündigkeit ablegt und sich ohne Leitung eines anderen seines **eigenen Verstandes** bedient.

In der **Weltwirklichkeitsdeutung** ist alles irrelevant, was übernatürliche Vorgänge, also Metaphysik, betrifft. Religion ist vom Wissen her unmöglich. Glaubensaussagen dürfen nicht als beweisbares Wissen hingestellt werden. Nur im **sittlichen Handeln** erweist sich die Gottesbejahung. Freiheit, Unsterblichkeit und Gott sind Angelegenheiten der praktischen Vernunft.

Die Wirklichkeit lässt sich ohne die Annahme eines höheren Wesens erklären. Alles Reden von Gott ist unwissenschaftlich. Glaubensaussagen sind Phantasieprodukte und Aberglaube, denen kein Anhaltspunkt in der Wirklichkeit zukommt.

Naturwissenschaft und Theologie sind von nun an Gegensätze.

2.6 Naturwissenschaftler und ihre Erkenntnisse im 20. Jahrhundert

Maßgebend für die Naturwissenschaften im 20. Jahrhundert sind die vorangegangenen physikalischen Erkenntnisse über die Ausbreitung des Lichts durch JAMES CLERK MAXWELL. Im Anschluss daran entwickelte ALBERT EINSTEIN die Relativitätstheorie*, NIELS BOHR entdeckte den Welle-Teilchen-Dualismus des Lichts, MAX PLANCK und WERNER HEISENBERG stellten die Quantentheorie auf und STEPHEN HAWKING formulierte die „Große Einheitliche Theorie" zur „endgültigen" Beschreibung des gesamten Universums. Ein neuer Wissenschaftszweig des 20. Jahrhunderts beschäftigt sich mit dem Unberechenbaren, dem Zufälligen und dem Wandel: die Chaostheorie.

2.6.1 Max Planck

Max Planck als Wissenschaftler

Es war das wissenschaftliche Interesse von Max Planck (1858–1947) in den Gesetzen der Natur das Absolute und Unveränderliche aufzuspüren. Diese Haltung stellte die Grundüberzeugung naturwissenschaftlichen Forschens bis zum Beginn des 20. Jahrhunderts dar. Hinter allen Veränderungen, wie sie in der Natur wahrnehmbar sind, sollen die unveränderlichen Gesetzmäßigkeiten und die von aller menschlichen Subjektivität unabhängigen Naturprozesse offen gelegt werden. Auf dem Gebiet der Wärmestrahlung gelang Max Planck die Entdeckung von Naturkonstanten, die diesem Selbstverständnis seiner Forschertätigkeit entgegenkamen.

Die von Planck gefundene Formel für die Wärmestrahlung ließ sich jedoch nicht mehr im Rahmen der klassischen physikalischen Erkenntnisse fundieren. Planck sah sich veranlasst, neue physikalische Größen in seine Überlegungen einzuführen, mit denen er die von ihm gefundenen Strahlungsgesetze begründen konnte. Seine neue Erkenntnis zur Energieverteilung, das Energiequantum, widersprach dem klassischen Grundsatz der Physik, dass die Natur keine Sprünge mache. Max Planck führte mit diesem Gesetz die Diskontinuität in die Physik ein, womit eine Änderung der Beschreibung physikalischer Erscheinungen verbunden war. Als Entdecker der Strahlungsgesetze wurde er zum Vorläufer auf dem Gebiet der Quantentheorie.

Max Plancks Haltung zu Religion und Naturwissenschaft

Seine Haltung zur Religion beschreibt der Naturwissenschaftler Planck in einem Vortrag folgendermaßen:

„Nun sag, wie hältst du's mit der Religion?" – Wenn je ein schlicht gesprochenes Wort in Goethes Faust auch den verwöhnten Hörer persönlich erfasst und in seinem eigenen Innern eine heimliche Spannung erregt, so ist es diese bange Gewissensfrage des um ihr junges Glück besorgten unschuldigen Mädchens an den ihr als höhere Autorität geltenden Geliebten. Denn es ist dieselbe Frage, die seit jeher ungezählte nach Seelenfrieden und zugleich nach Erkenntnis dürstende Menschenkinder innerlich bewegt und bedrängt ...

So wenig sich Wissen und Können durch weltanschauliche Gesinnung ersetzen lassen, ebensowenig kann die rechte Einstellung zu den sittlichen Fragen aus rein verstandesmäßiger Erkenntnis gewonnen werden. Aber die beiden Wege divergieren nicht, sondern sie gehen einander parallel, und sie treffen sich in der fernen Unendlichkeit an dem nämlichen Ziel ...

Es ist der stetig fortgesetzte, nie erlahmende Kampf gegen Skeptizismus und gegen Dogmatismus, gegen Unglaube und gegen Aberglaube, den Religion und Naturwissenschaft gemeinsam führen, und das richtungsweisende Losungswort in diesem Kampf lautet von jeher und in alle Zukunft: Hin zu Gott!

Max Planck, Vorträge und Erinnerungen, Wissenschaftliche Buchgesellschaft: Darmstadt 1969, S. 318 f., 333.

2.6.2 Albert Einstein

Als Wissenschaftler folgte Albert Einstein (1879–1955) den Prinzipien der empirischen Erkenntnis und den Grundsätzen eines Wissens, das sich an der Erfahrung orientiert. Sein wissenschaftliches Selbstverständnis gründet in folgenden Ansichten: Die **Erfahrung** und die **sinnliche Wahrnehmung** haben Vorrang vor der Spekulation. Begriffe und Aussagen, die nicht empirisch zu bestätigen sind, haben in der Physik keine Funktion. Die Naturwissenschaft formuliert ihre Erkenntnis in Form von Begriffen, Gesetzen und Regeln. Durch ihren Zugang zur erfahrbaren Welt bestimmt die Physik ihren eigenen Wahrheitsgehalt und ihre Objektivität. Alles Zufällige ist für die Erkenntnis der Weltwirklichkeit ungeeignet.

Die Relativitätstheorie Albert Einsteins

Bei der von Albert Einstein aufgestellten Relativitätstheorie handelt es sich um eine **physikalische Theorie von Raum und Zeit,** die gegenüber der klassischen Physik zu einer veränderten Anschauung dieser physikalischen Größen führte.

Erkenntnisse der Speziellen Relativitätstheorie

Einsteins Abhandlungen über die Spezielle Relativitätstheorie (1905) beruhen auf dem Postulat des *Relativitätsprinzips,* das besagt, dass es unmöglich ist, für physikalische Erscheinungen ein absolutes Bezugssystem zu bestimmen, und dem Postulat der *Konstanz der Lichtgeschwindigkeit,* wonach die Geschwindigkeit des Lichts von der Lichtquelle unabhängig und in allen Inertialsystemen* gleich ist.

Aus diesen Voraussetzungen leiten sich folgende **Konsequenzen** ab:

- Die Gleichzeitigkeit von Ereignissen ist relativ zum Beobachterstandpunkt.
- Die Überschreitung der Lichtgeschwindigkeit ist für Körper und Signale nicht möglich.

Maurits Cornelis Escher: Relativität, Lithographie 1953

- Die Wahrnehmung der Zeit für ein und denselben Vorgang ist relativ zum Beobachterstandort.
- Die Länge von Entfernungen und Objekten ist relativ zum Beobachterstandort.
- Jeder Energie entspricht eine Masse. Energie und Masse sind durch die Beschleunigung miteinander verbunden. Geschwindigkeit, Masse und Energie erhöhen sich, wenn eine Kraft auf sie einwirkt. Aus Masse kann Energie gewonnen werden. Die berühmte Formel Einsteins $E = mc^2$ drückt die Gleichwertigkeit zwischen Masse und Energie aus.

Erkenntnisse der Allgemeinen Relativitätstheorie

Einsteins Abhandlungen über die Allgemeine Relativitätstheorie (1916) beschäftigen sich mit der **Größe** und **Gestalt des Universums.**
Aus Einsteins Erkenntnissen ergeben sich folgende **Konsequenzen:**

- Der **Raum** ist vierdimensional mit Länge, Breite, Höhe und Zeit.
- Die **Gestalt des Raums** wird dadurch bestimmt, dass er unbegrenzt, aber endlich und gekrümmt ist.
- Durch die Raumkrümmung in der Nähe der Erde werden wir auf unserem Planeten „gehalten“. Die hier wirkenden Gravitationsfelder rufen auch die **Beugung des Lichts** sowie die Ablenkung der Lichtstrahlen in der Nähe der Sonne hervor.
- Hinsichtlich der **Zeit** ergaben Einsteins Berechnungen, dass das Universum alterslos ist; es hat keinen Anfang und wird nie ein Ende haben.
- Raum und Zeit sind im **Raum-Zeit-Kontinuum** miteinander verbunden. Somit ist es nicht möglich, die Zeit unabhängig von einem Ort zu „verstehen“; sie ist immer Zeit für einen Ort.

Durch die moderne Naturwissenschaft werden wir darauf verwiesen, dass die Dinge in einer raum-zeitlichen Ordnungsbeziehung zueinander stehen. Die Natur erscheint als ein materieller Prozess, der einem endlichen Geschichtsablauf unterliegt. **Naturwissenschaftliche Erkenntnisse** selbst sind **geschichtsbedingt.**

Einsteins religiöse Position

Einsteins Religiosität ist als „kosmische Religiosität“ zu kennzeichnen, mit der er seiner Bewunderung für die höchste Ordnung, die der Welt innewohnt, Ausdruck verleiht.

Gott ist die überlegene Vernunft, die sich in der erfahrbaren Welt offenbart. Er ist die innewohnende Kraft und Ursache aller Dinge.

Die **Wissenschaft** setzt fest, was ist, nicht was sein soll. **Ethische Zielsetzungen** liegen außerhalb der Wissenschaft. Der Forscher kennt nur ein Sein, aber kein Wünschen und Wollen, kein Sollen, kein Gut und Böse, keine Begründungen für letzte Ziele.

Sittlich handelt nur derjenige, der für seine Entscheidung eine für ihn gültige Bestimmung festsetzt. Wissenschaft hilft nicht bei der Aufstellung ethischer Axiome. Letztbegründungen stammen z. B. aus der jüdisch-christlichen Tradition, die das Humanitätsideal Einsteins als moralische Einstellung zum Leben bestimmen. Der Dienst an der Gemeinschaft, die Solidarität mit allen Menschen und die Zuwendung zum Außerpersönlichen, der geistigen Existenz, füllen dieses Humanitätsverständnis. Kosmische Religiosität strebt überpersönliche Gegenstände und Ziele an, die einer rationalen Begründung weder bedürftig noch fähig sind, und sie leitet aus ihnen Möglichkeiten für ethische Handlungen ab. Nach Antworten auf den Sinn des Fortschreitens zu suchen, heißt religiös zu sein.

In einem Beitrag zum Symposion „Science, Philosophy and Religion" erläuterte Einstein zum Verhältnis von Religion und Wissenschaft Folgendes:

Statt zu fragen, was Religion sei, will ich lieber zunächst fragen, wie das Streben eines Menschen beschaffen ist, der auf mich den Eindruck eines religiösen Menschen macht: einer, der sich nach seinem besten Vermögen seiner selbstischen Wünsche befreit hat und erfüllt ist von Gedanken, Gefühlen und Bestrebungen, an denen er hängt um deren außerpersönlichen Wertes willen, der erscheint mir als ein religiös erleuchteter Mensch. Auf die Stärke dieser außerpersönlichen Inhalte und auf die Tiefe der Überzeugung von deren überwältigender Bedeutung scheint es mir dabei anzukommen, unabhängig davon, ob der Versuch gemacht wird, diese Inhalte mit einer göttlichen Person in Verbindung zu bringen; denn sonst dürfte man Buddha und Spinoza nicht zu den religiösen Persönlichkeiten zählen. Ein religiöser Mensch ist demnach in dem Sinn gläubig, dass er nicht zweifelt an der Bedeutung und der Erhabenheit jener außerpersönlichen Inhalte und Ziele, die einer verstandesmäßigen Begründung weder fähig sind noch bedürfen. Sie sind da mit derselben Notwendigkeit und Selbstverständlichkeit wie er selbst. Religion in diesem Sinne ist das durch die Jahrhunderte fortgesetzte Streben der Menschen, sich dieser Werte und Ziele vollständig und klar bewusst zu werden und sie zu stets verstärkter und vertiefter Wirkung zu bringen. Fasst man Religion und Wissenschaft im Sinne dieser Definitionen auf, so erscheint ein Konflikt zwischen beiden unmöglich. Denn die Wissenschaft kann nur feststellen, was ist, nicht aber, was sein soll; Werturteile jeder Art bleiben notwendig außerhalb ihres Bereiches. Die Religion aber hat nur mit Wertungen menschlichen Denkens und Tuns zu schaffen; sie kann mit Recht nichts aussagen über Tatsachen und Reaktionen zwischen Tatsachen. Die wohl bekannten Konflikte zwischen Religion und Wissenschaft in der Vergangenheit sind nach dieser Auffassung lediglich auf eine Verengung des geschilderten Sachverhaltes zurückzuführen.

Ein Konflikt tritt zum Beispiel ein, wenn eine religiöse Gemeinschaft die absolute Wahrheit aller Aussagen behauptet, die in er Bibel berichtet werden. Dies bedeutet einen Übergriff der Religion in die Sphäre der Wissenschaft. Hierher gehört der Kampf der Kirche gegen Galilei und Darwins Lehren. Umgekehrt haben Vertreter der Wissenschaft oft den Versuch unternommen, aufgrund wissenschaftlicher Methoden fundamentale Urteile zu gewinnen über Werte und Ziele und sich auf diese Weise der Religion entgegengestellt. All diese Konflikte sind aus fatalen Irrtümern entsprungen.

Wenn demnach die Gebiete von Religion und Wissenschaft an sich sauber getrennt sind, so bestehen doch zwischen beiden starke Wechselbeziehungen und Abhängigkeiten. Wenn die Religion es ist, die Ziele setzt, so hat sie doch von der Wissenschaft im weitesten Sinn erfahren, welche Mittel zur Erreichung der von ihr gesetzten Ziele beitragen können. Wissenschaft aber kann nur geschaffen werden von Menschen, die ganz erfüllt sind von dem Streben nach Wahrheit und Begreifen. Diese Gefühlsbasis aber entstammt der religiösen Sphäre. Hierher gehört auch das Vertrauen in die Möglichkeit, die in der Welt des Seienden geltenden Gesetzmäßigkeiten seien vernünftig, d. h. durch die Vernunft begreifbar. Ohne solchen tiefen Glauben kann ich mir einen wirklichen Forscher nicht vorstellen. Man kann den Sachverhalt durch ein Bild ausdrücken: Wissenschaft ohne Religion ist lahm, Religion ohne Wissenschaft blind.

Aus: Albert Einstein: Naturwissenschaft und Religion, Teil II, 1941, in: Albert Einstein: Aus meinen späten Jahren, Deutsche Verlagsanstalt: Frankfurt/Berlin 1984, S. 41–43.

2.6.3 Niels Bohr

Der dänische Physiker Niels Bohr (1885–1962) stellte fest, dass über das Verhalten ein und desselben Objektes in einer Versuchsanordnung einander ausschließende Beobachtungen gemacht werden können. Diese Beobachtungen passen nicht zu dem einheitlichen Bild des Gegenstandes. Bohrs Forschungen über das Licht ergaben, dass es einmal als ein Strom von Teilchen, ein anderes Mal als eine elektromagnetische Welle erscheint, je nach Art des Experiments. Man spricht seitdem vom **Welle-Teilchen-Dualismus.** Diese Beobachtungen über das Licht schließen einander aus, obwohl beide Vorstellungen zur Erklärung des Lichts notwendig sind. Dabei teilt die Quantenwelle dem Beobachter mit, wo man das Teilchen wahrscheinlich erwarten kann und mit welchen Merkmalen es wahrscheinlich ausgestattet sein wird. Dass Photonen, Atome, Elektronen, Mesonen etc. sowohl die Merkmale einer Welle als auch eines Teilchens annehmen können, lässt nach Niels Bohr darauf schließen, dass wir hier auf zwei „Welten“ stoßen, die einander überlagern und so eine Mischwirklichkeit erzeugen. Um die konkrete Wirklichkeit hervortreten zu lassen, muss sie durch einen gegenwärtigen bewussten **Beobachter** hervorgerufen werden. Bohrs Schlussfolgerung lautete: Wenn sich auch widersprechende Erfahrungen ergeben, so ergänzen sie sich doch gegenseitig; sie sind komplementär. Seine These fasste Bohr im **Komplementaritätsprinzip*** zusammen.

2.6.4 Werner Heisenberg

Für das wissenschaftliche Erkenntnisinteresse des Physikers Werner Heisenberg (1901–1976) war es entscheidend, dass die Wurzeln der Erscheinung nicht in der Materie, sondern im mathematischen Gesetz und in den mit ihm verbundenen Symmetrien liegen. Die Symmetrien sind die grundlegenden Elemente des Planes, nach dem die Natur geschaffen worden ist. Alle irdischen Dinge sind nur unvollkommene Abbilder der ewigen Idee. Unter den sichtbaren Veränderungen „liegen“ unveränderliche Gegebenheiten, die Heisenberg als Energien bezeichnete. Mit diesem Denksatz greift Heisenberg die Philosophie Platons auf und verbindet sie mit der Experimentalwissenschaft.

Die Quantentheorie

Die Quantentheorie Heisenbergs befasst sich mit der Welt der kleinsten Teilchen und hier wiederum mit dem Phänomen der Unbestimmtheit, das besagt, dass sich der Zerfallszeitpunkt eines Atomkerns und der Ort eines Elektrons nicht voraussagen lassen. Diese **Verhaltensunbestimmtheit,** und damit Unvorhersagbarkeit, steht den Gesetzen, wie sie aus der Mechanik für das Verhalten von Materie bekannt waren, entgegen. Damit erweist sich die Natur als sprunghaft und keineswegs so, als ob sie auf festen Bahnen verlaufe. Die unbestimmte Wirklichkeit wird erst dann konkret, wenn ein Beobachter sich entscheidet, entweder die Lage oder die Geschwindigkeit eines Atoms zu messen. Beides zugleich zu tun, ist jedoch nicht möglich. Damit wird die Wirklichkeit erst durch den Beobachter und die Art seines Messverfahrens „geschaffen.“ Erst der **Beobachter** überführt den Mischzustand der Quantenwelt in den konkreten Zustand der Realität.

Konsequenzen für die Gottesvorstellung

Nach der christlich-jüdischen Vorstellung ist Gott ewig. Er existiert ohne Anfang und Ende über einen unbegrenzten Zeitraum hinweg. Wenn auch durch die physikalischen Gesetze die Vorstellung von einem lenkenden Schöpfergott überflüssig wird, so ist damit keineswegs die Existenz eines allumfassenden Geistes ausgeschlossen, der als Teil des physikalischen Universums existiert. So wie das menschliche Gehirn das Medium für den Geist des Menschen ist, so kann das physikalische Universum als dasjenige Medium angesehen werden, durch das sich der Geist eines natürlichen Gottes ausdrückt. Gott wäre dann der oberhalb des menschlichen Geistes anzusiedelnde ganzheitliche, allumfassende Geist.

Ein allmächtiger, übernatürlicher Gott, müsste das gesamte Universum, Raum und Zeit eingeschlossen, geschaffen haben. Würde er nur innerhalb des physikalischen Universums wirken, wäre seine Aufgabe darauf beschränkt, die Materie zu gestalten, ohne Raum und Zeit ins Dasein gerufen zu haben. Die Frage nach der Existenz Gottes in einem Universum, das sich in der beschriebenen Art und Weise erklären lässt, ist gebunden an die Überlegung, *warum* es in diesem Universum die Dinge und Gesetze gibt, die wir dort vorfinden. Mithilfe der Physik können Erklärungen für den Ursprung und die Ordnung des Universums gefunden werden, aber nicht für die Entstehung der Gesetze, nach denen es funktioniert. Bevor ein Quantenübergang den Kosmos erschaffen konnte, musste es die Gesetze der Quantenphysik geben: Ist Gott der Schöpfer der physikalischen Gesetze?

Physik und religiöse Erkenntnis

Die Entstehung von Materie, Raum und Zeit wird nach den Grundsätzen der modernen Physik nicht auf das Eingreifen eines Gottes zurückgeführt, sondern unterliegt einer natürlichen physikalischen Erklärung, wie sie z. B. von der Relativitätstheorie erwiesen wurde. Auch die Entstehung des menschlichen Lebens mit seinen Aspekten von Geist, Selbst, Individualität und Wille weist biologisch gesehen nicht auf Gottes Wirken oder eine göttliche Schöpfung hin, sondern vielmehr auf eine Fähigkeit zur spontanen Selbstorganisation, die der Hervorbringung aller Lebensprozesse innezuwohnen scheint. Die Wissenschaft bleibt die Antwort darauf schuldig, ob es nicht einer göttlichen Wirklichkeit zuzuschreiben ist, dass der Kosmos und alles Leben in ihm auf ein letztes Ziel hin angelegt sind, wofür Gott die Naturgesetze ins Leben gerufen hat. Gott als die planende Kraft des Universums zu verstehen, würde bedeuten, das Universum als den Ausdruck eines schaffenden Geistes zu betrachten, von dem das menschliche Bewusstsein ein Teil ist. Gott wäre der Schöpfer der physikalischen Gesetze und damit der allumfassende Geist im Universum. Das ist der Schnittpunkt, an dem Naturwissenschaft und Religion, Physik und Transzendenz, zu einer Ganzheitlichkeit finden, die den Sinn des Universums und des in ihm vorkommenden Lebens ausmacht.[1]

In seiner Rede über naturwissenschaftliche und religiöse Wahrheit führt Werner Heisenberg aus:

Wir haben noch mehr gelernt aus der Entwicklung der Naturwissenschaft in einer von der christlichen Religion geprägten europäischen Welt und davon soll jetzt im letzten Teil meines Vortrags die Rede sein. Schon früher habe ich zu formulieren versucht, dass es sich bei den Bildern und Gleichnissen der Religion um eine Art Sprache handelt, die eine Verständigung ermöglicht über den hinter den Erscheinungen spürbaren Zusammenhang der Welt, ohne den wir keine Ethik und keine Wertskala gewinnen könnten. Diese Sprache ist im Prinzip ersetzbar wie jede Sprache; in anderen Teilen der Welt gibt und gab es andere Sprachen, die der gleichen Verständigung dienen. Aber wir sind in einen bestimmten Sprachraum hineingeboren. Diese Sprache ist der Sprache der Dichtung näher verwandt als jener der auf Präzision ausgerichteten Naturwissenschaft. Daher bedeuten die Wörter in beiden Sprachen oft etwas Verschiedenes. Der Himmel, von dem in der Bibel die Rede ist, hat wenig zu tun mit jenem Himmel, in den wir Flugzeuge oder Raketen aufsteigen lassen. Im astronomischen Universum ist die Erde nur ein winziges Staubkörnchen in einem der unzähligen Milchstraßensysteme, für uns aber ist sie die Mitte der Welt – sie ist wirklich die Mitte der Welt. Die Naturwissenschaft versucht, ihren Begriffen eine objektive Bedeutung zu geben. Die religiöse Sprache aber muss gerade die Spaltung der Welt in ihre objektive und ihre subjektive Seite vermeiden; denn wer könnte behaupten, dass die objektive Seite wirklicher wäre als die subjektive. Wir dürfen also die beiden Sprachen nicht durcheinander bringen, wir müssen subtiler denken, als dies bisher üblich war.

Aus: Werner Heisenberg: Naturwissenschaftliche und religiöse Wahrheit, in: Werner Heisenberg: Gesammelte Werke, Bd. III: Physik und Erkenntnis 1969–1979, Piper: München 1985, S. 435 f.

1 Vgl. Paul Davis: Gott und die moderne Physik, München 1989, S. 276 – 294.

Konsequenzen aus der modernen Physik für die Wirklichkeitsdeutung der Gegenwart

Mit den Forschungen zur Quantenmechanik, zur Relativitätstheorie und zum Komplementaritätsprinzip ist es in der theoretischen Physik zu einem Umsturz im Weltbild der Naturwissenschaft und der Wirklichkeitsauffassung der Moderne gekommen. Denn die Prinzipien der Determiniertheit*, Kontinuität* und Kausalität* allen physikalischen Geschehens als objektive Gesetzmäßigkeiten mussten zugunsten der Phänomene der Unbestimmtheit, Nichtvoraussagbarkeit und Nichtlokalität physikalischer Ereignisse aufgegeben werden.

- Die **Quantentheorie** zeigt, dass der menschliche Geist und Erscheinungen wie Unschärfe, Wahrscheinlichkeit und Indeterminismus*, also subjektive Bedingungen, in physikalischen Ereignissen eine Rolle spielen.
- Die **Relativitätstheorie** zeigt, dass für Raum und Zeit der Bezug zum Beobachterstandort von Bedeutung ist.

Allgemein gültige, objektive, vom Subjekt unabhängige Ereignisse, wie sie von der klassischen Physik her bekannt sind, gibt es demzufolge nicht. Geist und Materie können nicht mehr unabhängig voneinander betrachtet werden. Die klassische Lehre, dass alles Geschehen in der Welt nach kausalen Gesetzmäßigkeiten unabänderlich verläuft, ist nicht mehr haltbar.

2.6.5 Stephen Hawking

Relativitätstheorie und Quantentheorie entwarfen neue Vorstellungen von physikalischen Gesetzen im makrokosmischen Bereich über die Schwerkraft und den Aufbau des Universums sowie im mikrokosmischen Bereich über das Verhalten von Teilchen. Beide Theorien haben Konsequenzen sowohl für die Zustandsbeschreibung und die Gesetze des Universums als auch für unser Wirklichkeitsverständnis. In der Fortführung dieser Erkenntnisse hat sich Stephen Hawking (geb. 1942), englischer Physiker und Mathematiker, das Ziel gesetzt, eine einzige Theorie zu finden, die die allgemeine Relativitätstheorie und die Quantenmechanik miteinander zu einer **Großen Einheitlichen Theorie,** der Quantentheorie der Gravitation, verbindet, um so das gesamte Universum zu beschreiben.

Die Entwicklung des Universums und die Frage nach Gott

Das Ziel der Forschungen Hawkings ist es, die Allgemeine Relativitätstheorie mit der Quantenmechanik zu vereinigen, um die Frage nach der Entstehung, Entwicklung und Zukunft des Universums endgültig zu beantworten. Hawking ist in diesem Zusammenhang besonders daran interessiert, das Phänomen der Schwarzen Löcher zu erforschen. Damit sind diejenigen Bereiche in der Raumzeit gemeint, in denen die Gravitation so stark ist, dass sie jegliche Materie, selbst das Licht, anziehen, aber nicht wieder entweichen lassen. Haben Raum und Zeit im Universum mit dem Urknall begonnen? Werden Raum und Zeit im Inneren eines Schwarzen Loches enden? – Hawking will diese Fragen durch die Verbindung von Relativitätstheorie und Quantenmenchanik, der Großen Einheitlichen Theorie, wie er sie nennt, beantworten. Die Frage nach Gott als Schöpfer ist für Hawking eng mit der Frage nach dem Anfangszustand des Universums verbunden:

- Ist die Raumzeit endlich, aber unbegrenzt, dann muss man davon ausgehen, dass es keinen Anfang, keinen Augenblick der Schöpfung gegeben hat.
- Die Gesetze, die über die Entwicklung des Universums entdeckt wurden, können göttlichen Ursprungs sein. Aber dann ergeben sich weitere Fragen: Welchen ursprünglichen Zustand hat Gott für das Universum gewählt? – Von welchen „Grenzbedingungen" (chaotischer und unregelmäßiger oder einheitlicher und gleichmäßiger Zustand) ist für den Anfang der Zeit auszugehen? – Warum ist uns der Anfang des Universums so schwer verständlich, wenn doch seine weitere Entwicklung von Gesetzen bestimmt wird, die wir verstehen können? – Warum greift Gott in die Entwicklung dieser Gesetze anscheinend nicht ein?
- Wenn die Quantentheorie der Gravitation zeigt, dass die Raumzeit keine Grenze hat, dann erübrigt es sich auch, irgendein Verhalten an dieser Grenze anzunehmen, mit dem etwa durch einen göttlichen Schöpfungsakt die Bedingungen der Raumzeit bestimmt worden wären. Nach diesem Modell ist das Universum in sich abgeschlossen und es unterliegt keinerlei Einfluss von außen. So lässt sich weder von seiner Erschaffung noch von seiner Zerstörbarkeit sprechen. „Es würde einfach **sein**", wie Hawking sagt.[1]
- Die Gesetze, nach denen sich das Universum entwickelt, können von Gott in Gang gesetzt worden sein. Wir wissen aber nicht, nach welchem Gesetz es angefangen hat. Falls es einen Beginn gegeben hat, könnte er durch einen Schöpfer hervorgerufen worden sein. Ist aber das Universum in sich geschlossen, hat es keinen Rand und keine Grenze, dann gibt es auch keinen Anfang und kein Ende: Es würde einfach sein. – Wäre dann noch Platz für einen Schöpfer?

1 STEPHEN HAWKING: Eine kurze Geschichte der Zeit: Die Suche nach der Urkraft des Universums, Hamburg 1988, S. 173.

Auf welche Weise sich für Hawking naturwissenschaftliches Forschen auf die Gottesfrage bezieht, zeigt die folgende Stellungnahme im Schlussteil seines Buches „Eine kurze Geschichte der Zeit“:

Wenn wir jedoch eine vollständige Theorie entdecken, dürfte sie nach einer gewissen Zeit in ihren Grundzügen für jedermann verständlich sein, nicht nur für eine Handvoll Spezialisten. Dann werden wir uns alle – Philosophen, Naturwissenschaftler und Laien – mit der Frage auseinandersetzen können, warum es uns und das Universum gibt. Wenn wir die Antwort auf diese Frage finden, wäre das der endgültige Triumph der menschlichen Vernunft – denn dann würden wir Gottes Plan kennen.

Stephen Hawking: Eine kurze Geschichte der Zeit: Die Suche nach der Urkraft des Universums, Hamburg 1988, S. 173.

2.6.6 Die Chaostheorie

Die Chaostheorie, vertreten durch Henri Poincaré, Samuel Hahnemann und Benoît Mandelbrot, beschreibt eine komplexe, ungeordnete, dem Zufall und Wandel unterworfene Wirklichkeit. Die Reduktion der Naturwissenschaft auf das Geordnete, Empirische, Beobachtbare, Mechanische etc. wird durch die Chaostheorie als Trugschluss entlarvt, da ein geordnetes System in ein chaotisches, unregelmäßiges übergehen kann. Die Chaostheorie zeigt, dass die Natur auf allen Ebenen aus Rückkopplungen besteht, die ihre Vielfalt und Kreativität bestimmen. Sie erklärt die Entstehung des Universums aus dem gestaltlosen Zustand des Chaos, d. h. der Ordnung aus dem Ungeordneten.

Zusammenfassung: Das Weltbild des 20. Jahrhunderts

Bedeutsam für das Weltbild des 20. Jahrhunderts sind die großen Theorien über Raum und Zeit: die Relativitätstheorie, die Quantenmechanik und die „Große Einheitliche Theorie“. Sie zeigen vor allem, dass es eine eindeutige Objektivierbarkeit nicht gibt und dass alles naturwissenschaftliche Erkennen geschichtlich bedingt ist.

Aufgrund ihres hohen Abstraktionsgrades stellt die Naturwissenschaft die Welt nicht so dar, wie sie „an sich“ ist, sondern wie sie dem abstrahierenden Menschen erscheint.

Zusammenfassung: Weltbilder

Weltbilder geben den Erkenntnissen über Natur und Weltwirklichkeit zu einer bestimmten Zeit Ausdruck.

So waren **Gottesglaube und Wirklichkeitserfahrung** seit den Griechen bis etwa zum Mittelalter keine Gegensätze, da der Zweck der Natur in Gott lag. Diese Funktion des Göttlichen wurde mit der Kopernikanischen Wende, also der Erkenntnis des Heliozentrismus*, infrage gestellt.

Als Descartes mit seinem Diktum „Ich denke, also bin ich" die klare und deutliche Erkenntnis als Grundlage allen gesicherten und wahren Wissens propagierte, wurden zwar Naturerkenntnis und Gotteserkenntnis noch als zusammengehörig betrachtet, aber die **Ratio** des Menschen bekam ihren eigenständigen Erkenntnisanspruch zuerkannt.

Naturwissenschaftliche Erkenntnisse und Gottesglaube spalteten sich endgültig auf, als durch Galilei und Newton mit dem messenden, beobachtenden und experimentellen Forschen der Metaphysik der Boden entzogen wurde. Im Rahmen der aufklärerischen Philosophie des 18. Jahrhunderts wurden übernatürliche Vorgänge als irrelevant für die Wirklichkeit erklärt. Die Wirklichkeit lässt sich von nun an ohne die Annahme eines höheren Wesens deuten. **Gott** ist überflüssig geworden für die Erklärung der Erscheinungen unserer Wirklichkeit; Religion wird zur Privatsache deklariert, als wissenschaftliche Erkenntnisweise jedoch ausgeschlossen.

Um die Entstehung des Universums zu erklären, ist kein Gott nötig. Die Verbindung von Relativitätstheorie und Quantenmechanik lässt als **Ursache für die Weltwirklichkeit** keinen Raum für Gott.

Theologie und Naturwissenschaft werden als Gegensätze angesehen.

Dennoch kommt die Frage auf, ob nicht die Naturgesetze selbst göttlichen Ursprungs sind. So steht der Naturwissenschaftler nach wie vor vor der religiösen Frage und der religiös orientierte Mensch vor der naturwissenschaftlichen.

3 Die Methoden naturwissenschaftlicher Erkenntnis

Das grundlegende Prinzip der wissenschaftlichen Methode ist die **Induktion***. Beim induktiven Vorgehen steht am Anfang des Erkenntnisvorgangs eine Sammlung von Daten, die aus **Beobachtungen** hervorgegangen sind. Diese sinnlichen Wahrnehmungen sind von jedermann nachvollziehbar und **intersubjektiv** vermittelbar; es lassen sich somit Aussagen über beobachtete Ereignisse und Vorkommnisse machen, die dokumentarisch festgehalten werden können. Das Interesse des Forschers richtet sich nun darauf festzustellen, welcher **allgemeine Sachverhalt** den beobachteten Einzelereignissen zugrunde liegt. Die gedanklichen Überlegungen hierzu nennt man **Hypothesen***. Wenn sich von der Hypothese, die als vorläufige Überlegung zu verstehen ist, weitere Beobachtungsmöglichkeiten ableiten lassen, die sich als richtig erweisen, spricht man von der **deduktiven Verifikation** oder Bestätigung der Vorannahme. Lassen sich keine weiteren Aussagen oder Belege ableiten, nennt man den Vorgang **deduktive Falsifikation** bzw. Widerlegung der Hypothese. Die jeweiligen Hypothesen lassen sich am besten im **Experiment** auf ihre Richtigkeit überprüfen. Die Funktionsweise des Experiments besteht darin, dass der Experimentator unter Bedingungen arbeitet, die sich wiederholen lassen, die nachprüfbar sind und damit der Verfügbarkeit unterliegen. Finden die Hypothesen im Experiment ihre Bestätigung, dann können **Naturgesetze (Thesen)** aufgestellt werden, die Voraussagen über zukünftige Ereignisse unter bestimmten Bedingungen zulassen. Werden eine Reihe von Gesetzen zu einem bestimmten Forschungsfeld gefunden, können sie in einer **Theorie** über den erkannten Sachverhalt zusammengefasst werden. Die Naturgesetze und Theorien sind nicht sinnlich wahrnehmbar, können die Wirklichkeit aber in Form von gedanklichen **Modellen** beschreiben. Es handelt sich hier um quantitative Beziehungen zwischen den beobachteten Ereignissen, die in der Formelsprache der Mathematik ihren Ausdruck finden und unser Verhältnis zu einem bestimmten Aspekt der messbaren Wirklichkeit beschreiben.

Die **Verlässlichkeit** und **Objektivität*** der naturwissenschaftlichen Methode folgt daraus, dass sie eine **empirische Methode** ist, d. h. bestimmte allgemeine Kriterien zugrunde legt: die Formulierbarkeit in mathematischen Sätzen, die Zeitlosigkeit, die Unabhängigkeit vom Subjekt und die Möglichkeit der Vorhersagen.

Die **Grenzen** der naturwissenschaftlichen Erkenntnismethode ergeben sich aus dem Modellcharakter ihrer Ergebnisse. Als gedankliche Abstraktionen sind die Modelle keine getreuen Abbildungen der Natur, d. h. sie stellen lediglich eine Möglichkeit dar, die

Natur zu betrachten, geben aber nicht das Wesen, d. h. das An-sich-Sein der Natur wieder. Methodisch herbeigeführte Erfahrungen, wie sie im Experiment vonstatten gehen, machen den Zugang zu den Ursachen und Funktionen einzelner Objekte bewusst und zeigen die Bedingungen auf, unter denen es möglich ist, in der Natur erfolgreich zu handeln; Modelle machen von daher Aussagen über einen **objektivierten Sachverhalt** und damit über einen **Ausschnitt der Wirklichkeit** und einen singulären Teil unserer Erfahrung. Über den Sinn und Zweck der Ereignisse, Phänomene und Vorkommnisse (Fragen der Religion und Ethik) können sie keine Aussagen machen.

Naturwissenschaftliche Aussagen geben Auskunft darüber, **wie** Erscheinungen zusammenhängen und funktionieren, jedoch geben sie keine Antwort darauf, warum es sie gibt.

Die wissenschaftliche Erkenntnismethode, die zur Entstehung einer naturwissenschaftlichen Aussage führt, lässt sich am Beispiel der Entdeckung der Fallgesetze durch GALILEO GALILEI (1590/1591) folgendermaßen verdeutlichen:

Wissenschaftliche Erkenntnisschritte	**Inhaltliche Beschreibung des Erkenntniswegs**	**Schlussfolgerungen**
Vorüberlegungen	Galilei waren die Arbeiten des Aristoteles zum Verhalten von Körpern bekannt. Nach Aristoteles war das Wesen eines Gegenstandes für seine Eigenschaften und sein Verhalten verantwortlich.	Feste Körper bestehen aus dem Element Erde. Demzufolge fallen Körper nach Anschauung von Aristoteles nach unten, weil es ihrem Wesen gemäß ist, sich auf die Erde zuzubewegen. Für schwere Körper gilt diese Wesensstruktur in verstärktem Maße: Sie fallen schneller; für leichte Körper in verringertem Maße: Sie fallen langsamer. Die Fallgeschwindigkeit ist daher von der Schwere der Körper abhängig, aber gegenläufig zum Widerstand, der auf die Körper einwirkt. Wird der Widerstand geringer, fällt der Körper schneller; geht der Widerstand auf Null zu, kommt es zu unendlichen Geschwindigkeiten.
Fragestellung	Was Galilei durch die Arbeiten des Aristoteles erfuhr, hielt er nicht für zufriedenstellend. Er wollte die genauere Gesetzmäßigkeit des freien Falls erforschen und fragte danach, wie Bewegung verläuft.	

Wissenschaftliche Erkenntnisschritte	Inhaltliche Beschreibung des Erkenntniswegs	Schlussfolgerungen
Zusammenstellung von Daten	Galilei **beobachtete,** dass die Zeit für fallende Körper mit unterschiedlichem Gewicht im gleichem Medium und auf gleicher Strecke nicht umgekehrt proportional zum Gewicht der Körper ist, wie es Aristoteles als Folge des Widerstandes, dem die Körper unterliegen, erklärt hatte. Zudem stellte er fest, dass Fallzeiten von Körpern, die sich in der Luft kaum unterscheiden, im Wasser erheblich differieren können.	Galilei schloss aus seinen Beobachtungen, dass für den Antrieb von Körpern nicht deren Gewicht entscheidend sein kann, und widerlegte die Erkenntnis des Aristoteles über die umgekehrte Proportionalität zwischen Geschwindigkeit und Widerstand von Körpern.
Hypothesenbildung durch **Induktion**		Hypothese: Alle Körper fallen im Vakuum gleich schnell. Wenn die Fallgeschwindigkeit weder proportional zum Gewicht noch umgekehrt proportional zum Widerstand eines Körpers ist, dann muss die Geschwindigkeit proportional zum Weg oder zur Zeit sein.
Vorhersagen durch **Deduktion**		Galilei nahm an, dass sich die Fallgeschwindigkeit proportional zur Zeit erhöht und dass der Weg, den der Körper zurücklegt, mit dem Quadrat der Zeit zunimmt.
Das **Experiment**	Galilei verwendete für sein Experiment eine schwach geneigte Rinne. Er brachte Markierungen an und ließ eine Bronzekugel auf ihr rollen. Dabei maß er die Zeit, die die Kugel für eine bestimmte Wegstrecke benötigte. Dann veränderte er die Strecken in kürzere und längere Teile; ein anderes Mal variierte er die Neigung der Rinne schwächer oder stärker und maß wiederum die Zeit, mit der die Kugel unter diesen verschiedenen Bedingungen die Strecke passierte.	Anhand seiner Ergebnisse ließ sich die Beziehung zwischen Zeit und Weg im freien Fall mathematisch formulieren. Galilei fand seine Hypothese, dass die Wegstrecke, die ein Körper im freien Fall zurücklegt, im Quadrat der Zeit ansteigt und dass damit die Fallgeschwindigkeit ansteigt, bestätigt.
Das **naturwissenschaftliche Gesetz**		Der zurückgelegte Weg im freien Fall ist proportional zum Quadrat der Zeit. Mit dieser Gesetzeshypothese können Voraussagen über den Zusammenhang von Weg und Zeit für den freien Fall von Körpern vor dem tatsächlichen Ablauf gemacht werden.

Nach: Hartmut Rupp / Uwe Schott: Wege zur Wirklichkeit – Glaube und Naturwissenschaft, Stuttgart 1979, S. 13 (bearbeitet).

4 Moderne Modelle zur Entstehung der Welt und des Lebens

Unsere Vorstellungen vom Universum werden unter anderem von folgenden Fragen bestimmt: Woher kommt das Universum? – Wohin entwickelt es sich? – Hatte das Universum einen Anfang? – Was geschah vor seinem Anfang? – Was ist Raum, und was ist Zeit? – Warum gibt es das Univerum und uns Menschen?

Die folgende Darstellung von Theorien zur Entstehung des Kosmos greift diejenigen physikalischen Modelle auf, wie sie gegenwärtig im Rahmen naturwissenschaftlicher Forschungen vertreten werden. Mit Stephen Hawkings Großer Einheitlicher Theorie (siehe 2.6.5) begibt sich die moderne Physik auf den Weg, das neueste Modell zur Frage nach Anfang, Entwicklung und Ende des Kosmos vorzulegen. Nach wie vor ist jedoch die Theorie vom „Urknall“, mit dem Raum, Zeit und Materie hervorgebracht wurden, das Standardmodell, um die Entstehung des Kosmos und der in ihm waltenden Naturgesetze zu erklären. Einsteins Allgemeine Relativitätstheorie weist die Gravitation als diejenige physikalische Kraft nach, von der die Ordnungsstrukturen der Raumzeit und der Aufbau des Kosmos bestimmt werden. Die Quantentheorie, wie sie Max Planck begründete, erklärt indessen die Funktionsweise der kleinsten Teilchen im All, nämlich der Elementarteilchen und der Kräfte, die zwischen ihnen wirken. Beide Theorien halfen den Forschern, bis auf 10^{-43} Sekunden an den Nullpunkt der Schöpfung heranzukommen. Erst ab diesem Zeitpunkt, der einer Zehntel Trilliardstel Trilliardstel Sekunde nach dem Schöpfungsvorgang entspricht, ist es möglich, die Entwicklung des Kosmos bis zur Gegenwart annähernd zu erklären. Was aber *während* dieses Vorgangs und was *vor* dem Urknall geschah, lässt sich bisher nicht zufriedenstellend beantworten. Solange es Hawkings Großer Einheitlicher Theorie nicht gelingt, die durch sie aufgestellten Fragen zu beantworten, bleiben die Erklärungen für den Ursprung und die Entwicklung des Kosmos relativ offen. Damit bewegen sich die hier vorgestellten Modelle zur Entstehung der Welt im Rahmen von anerkannten Standardtheorien, ohne damit Anspruch auf letztbegründende Antworten erheben zu können.

4.1 Kosmologie

Kosmologie ist die Lehre von der Entstehung des Kosmos und vom Verhalten der Materie in Raum und Zeit. In der Neuzeit wurden die Physik Newtons, die Relativitätstheorie Einsteins, die Quantenmechanik Plancks und Heisenbergs sowie die Große Einheitliche Theorie Hawkings für die Entwicklung der Kosmologie bedeutsam.

Newtons Weltmodell ist vor allem von der Erkenntnis bestimmt, dass die Gestirne durch die Gravitation auf ihrer Umlaufbahn gehalten werden. Der Raum ist absolut und erstreckt sich unendlich. Auch die Zeit ist absolut, d. h sie verläuft gleichmäßig ohne Anfang und Ende.

Mit der Allgemeinen Relativitätstheorie Einsteins wandelte sich die naturwissenschaftliche Erkenntnis hinsichtlich des Kosmos grundlegend. Von nun an muss der Raum in Verbindung mit der Zeit als vierdimensionale Größenordnung des Universums angesehen werden. Durch die Gravitation sind Raum und Zeit gekrümmt. Der Raum ist unendlich in der Ausdehnung, hat aber ein endliches Volumen und endlichen Materieinhalt. Die Zeit ist ein Kontinuum, also etwas sich unendlich Ausdehnendes, das gemeinsam mit dem Raum die vier Dimensionen des Universums ausmacht.

Auch in den Bereichen, in denen es um das Verhalten der kleinsten Teilchen geht, zeigt sich die Unhaltbarkeit mechanisch-kontinuierlich erklärbarer Abläufe, wie es noch die klassische Physik verlangte. Dass es vielmehr die Gesetze der Unbestimmtheit und der sprunghaften Entwicklung sind, die die Wirklichkeit der physikalischen Teilchensysteme bestimmen, wird durch die Quantenmechanik nachgewiesen. So sind Quantensprünge, also der Übergang eines Energiezustandes in einen anderen, die Ursache für die phasenhaften Veränderungen der Anfangsbedingungen des Universums.

Aus der Verbindung von Relativitätstheorie und Quantenmechanik, der so genannten Großen Einheitlichen Theorie, die das gegenwärtig bedeutsamste kosmologische Modell ausmacht, soll nun endgültig die Weltformel für die Entstehung, Entwicklung und Zukunft des Kosmos hervorgehen.

4.2 Der Anfang des Universums: Die Urknalltheorie

Nach der Urknalltheorie* entstand das Universum vor ca. 18 Milliarden Jahren aus einem Zustand unendlicher Dichte heraus und brachte Materie, Raum und Zeit hervor. Die gesamte Energie des Universums war in einem kleinsten Punkt gebündelt. Galaxien, die heute einen Abstand von Millionen von Lichtjahren zueinander haben, befanden sich während dieser Zeit millimeternah zusammen. Dabei ist es möglich, dass die physikalischen Gesetze bereits vorhanden waren, aber erst mit dem Urknall und der folgenden Expansion ihre Wirkung entfalteten.

4.3 Die Entwicklung des Universums: Die Inflationstheorie

Mit dem Urknall begann die Expansion bzw. Aufblähung des Kosmos. Das hierzu vertretene Modell wird daher als die Theorie von der Inflation des Universums bezeichnet. Wichtige Merkmale der inflationären Veränderung der kosmischen Evolution innerhalb der ersten drei Minuten sind die enorm hohe Anfangstemperatur von 100 000 Millionen Grad Kelvin, die während dieser Zeit auf 900 Millionen Grad Kelvin sank und nach gut einer halben Stunde auf 300 Millionen Grad weiter absank. Dass das Universum aus einem heißen, dichten Anfangszustand hervorgegangen ist, lässt sich anhand der Hintergrundstrahlung beweisen, die noch heute messbar ist und den beobachtbaren Rest der ursprünglichen Strahlung darstellt.

Spiralnebel

Der Inhalt des Universums bestand zunächst aus einem Gemisch von Materie und Strahlung, das im Verlauf der Abkühlung Teilchen wie Elektronen, Positronen, Neutrinos und Photonen freisetzte, bis die Temperatur so weit sank, dass Atome entstehen konnten. Aus der Materie bildeten sich Galaxien und Sterne. Nach weiteren 10 000 Millionen Jahren waren die Voraussetzungen für die Hervorbringung von Leben geschaffen.

Dem Modell von der Expansion des Universums liegt die Annahme von der Homogenität und der Isotropie seiner Beschaffenheit zugrunde. Wird das Universum als homogen beschrieben, so bedeutet das, dass es für jeden Beobachter, wo auch immer er sich im Prozess der Expansion befinden möge, gleich aussieht. Mit der Kennzeichnung seines isotropen Zustandes wird ausgedrückt, dass das Universum unabhängig von der Richtung, in der es ein Beobachter wahrnimmt, das gleiche Aussehen hat.

4.4 Die Zukunft des Universums: Ende oder Unendlichkeit?

Ob sich das Universum weiter ausdehnen oder in einem Kollaps selbst zerstören wird, hängt davon ab, in welchem Verhältnis die kosmische Dichte zu einem bestimmten kritischen Wert steht. Für den Fall, dass die kosmische Dichte kleiner ist als der kritische Wert, ist das Universum von unendlicher Größe und seine Ausdehnung geht ewig weiter. Ist der Dichtezustand des Kosmos jedoch größer als der kritische Wert, dann hat er eine endliche Größe, d. h. seine Ausdehnung wird zu einem Ende kommen, und er zieht sich zusammen, um letztendlich zu kollabieren. Mit der Kontraktion des Universums wird die Temperatur auf 10 000 Millionen Grad ansteigen, sodass sich die Elementarteilchen verflüchtigen und das Universum schließlich im Rahmen thermodynamischer Prozesse dem „Hitzetod“, also der Auflösung der Materie und dem Ende der Zeit, erliegt.

Diesem Szenario vom Untergang des Universums stehen andererseits Überlegungen gegenüber, die die Möglichkeiten seines Überlebens durchspielen.

Hier ist zum einen die Vorstellung von der zyklischen Entwicklung des Universums zu nennen: Durch den kontinuierlichen Wechsel von Entstehung und Vernichtung bilden sich in einer Art Kreislauf kosmische Systeme, die immer wieder vergehen.

Zum anderen eröffnet die Vorstellung vom gleich bleibenden Zustand des Universums, die so genannte ‚steady-state Theorie‘, die Möglichkeit seines Überlebens. Diese Theorie besagt, dass mit der Ausdehnung des Universums neue Materie und neue Galaxien in gleich bleibender Dichte auftreten, die die entstehenden Flächen füllen. So expandiert das Universum in immer identischer Weise, und sein allgemeines Aussehen sowie sein Zustand bleiben im großen Maßstab gesehen auf unendliche Zeit hin gleich.

Ob das Universum nun dem Tod durch größte Hitze infolge der Ausdehnung der Sonne oder durch eisige Kälte als Konsequenz ihrer Schrumpfung erliegen wird, ob sich sein Zustand verändert oder für immer gleich bleibt, ob das Universum auf ewig expandiert oder im Schwarzen Loch kollabiert, lässt die Frage nach seinem Zweck offen. Vielleicht liegt die Antwort darin, dass das Universum existiert, um Menschen hervorzubringen, die leben, damit sie es erforschen und die so dem ganzen Kosmos erst einen Sinn geben.

4.5 Mensch und Universum: Das anthropische Prinzip

Das anthropische Prinzip besagt, dass der Mensch ein Teil des Universums ist und dass sein Leben von natürlichen Gesetzen bestimmt ist. Das anthropische Prinzip weist darauf hin, dass erst die Existenz physikalischer, chemischer und biologischer Ereignisse, die mit dem Urknall und der sich anschließenden kosmischen Evolution in Gang kamen, die Beobachtung und Wahrnehmung der Welt ermöglichen. Erst wenn diese natürlichen Bedingungen eingelöst sind, ist es dem Menschen möglich, Erkenntnisse über die Welt zu gewinnen. Im Universum herrschen demgemäß genau die Bedingungen, die unser Leben ermöglichen. Unsere Existenz ist in die Existenz des Kosmos verwoben: Hat also das Universum „gewollt", dass wir existieren, um es zu erkennen?

Um zu erklären, warum das Universum so ist, dass es die Bedingungen für menschliches Leben und andere Formen der Existenz entwickeln kann, lässt sich kausal argumentieren, indem man physikalische Gründe für sein Dasein anführt; oder man kann im Sinne einer selektiven Argumentation sagen, dass es viele Universen gibt, von denen unseres dasjenige ist, das Leben evolutiv hervorbringen konnte; und schließlich ist es teleologisch möglich zu argumentieren, dass dem Universum eine Richtung innewohnt, die auf das Ziel zustrebt, Leben hervorzubringen.

Alle diese Überlegungen treffen sich in der Bestimmung des Anthropischen Prinzips, das besagt: *„Damit wir uns überhaupt wundern können, dass das Universum so ist, muss es genauso sein, denn sonst wären wir nicht hier und könnten uns nicht wundern."*[1]

1 Arnold Benz: Die Zukunft des Universums. Zufall, Chaos, Gott?, Düsseldorf 1998, S. 111.

Zusammenfassung: Moderne Modelle zur Entstehung der Welt und des Lebens

Bei der Bestimmung des Begriffs „Wirklichkeit“ geht es dem heutigen Menschen um die wissenschaftliche Beweisbarkeit aller Erscheinungen, mit denen er konfrontiert ist. Alles, was nicht objektivierbar und quantifizierbar ist, ruft Skepsis bis Ablehnung hervor.

Dass den großen naturwissenschaftlichen Theorien, der Relativitätstheorie und der Quantentheorie, selbst bereits Sachverhalte zugrunde liegen, die nicht mehr objektivierbar sind, hat zu keiner Neuorientierung im gegenwärtigen Denken geführt.

Von einem geschlossenen Weltbild kann dennoch nicht mehr die Rede sein, da die neuesten naturwissenschaftlichen Erkenntnisse nicht auf eindeutige Determiniertheit* und Objektivität* physikalischer Geschehnisse hindeuten. Sie können die Frage nicht beantworten, was denn eigentlich Materie bzw. Energie ist, noch ist es ihnen möglich, eindeutige Aussagen über den Anfang des Universums zu machen. Die naturwissenschaftlichen Daten ragen in Bereiche hinein, die empirisch unbeantwortet bleiben. Dazu gehört besonders die Frage, warum es überhaupt Naturgesetze gibt: „Sind die Naturgesetze selbst göttlichen Ursprungs?“ ist bereits eine Überlegung, die das Gebiet der Metaphysik berührt. Auch naturwissenschaftlich-physikalische Reflexionen müssen sich der Frage stellen, warum es uns und das Universum gibt, wenn z. B. die „Große Einheitliche Theorie“ Hawkings die Anfänge des Universums aus der Verbindung von Relativitätstheorie und Quantenmechanik erklären will.

So treten in der naturwissenschaftlichen Forschung empirische und metaphysische Fragestellungen miteinander in Kontakt.

5 Wie erkennen wir die Wirklichkeit?

Die Erkenntnistheorie, ein Zweig der neuzeitlichen Philosophie, fragt nach der Entstehung, den Bedingungen, dem Wesen, den Prinzipien, Zielen und Grenzen sowie nach der Gültigkeit von Erkenntnis. Die Erkenntnistheorie wurde so zu einer Disziplin, die den Wissenschaften vorgeschaltet ist, indem sie zeigt,

- was überhaupt **objektive Realität** ist und
- inwieweit wissenschaftliche Vorstellungen von der Realität **objektive Wahrheitsaussagen** sein können.

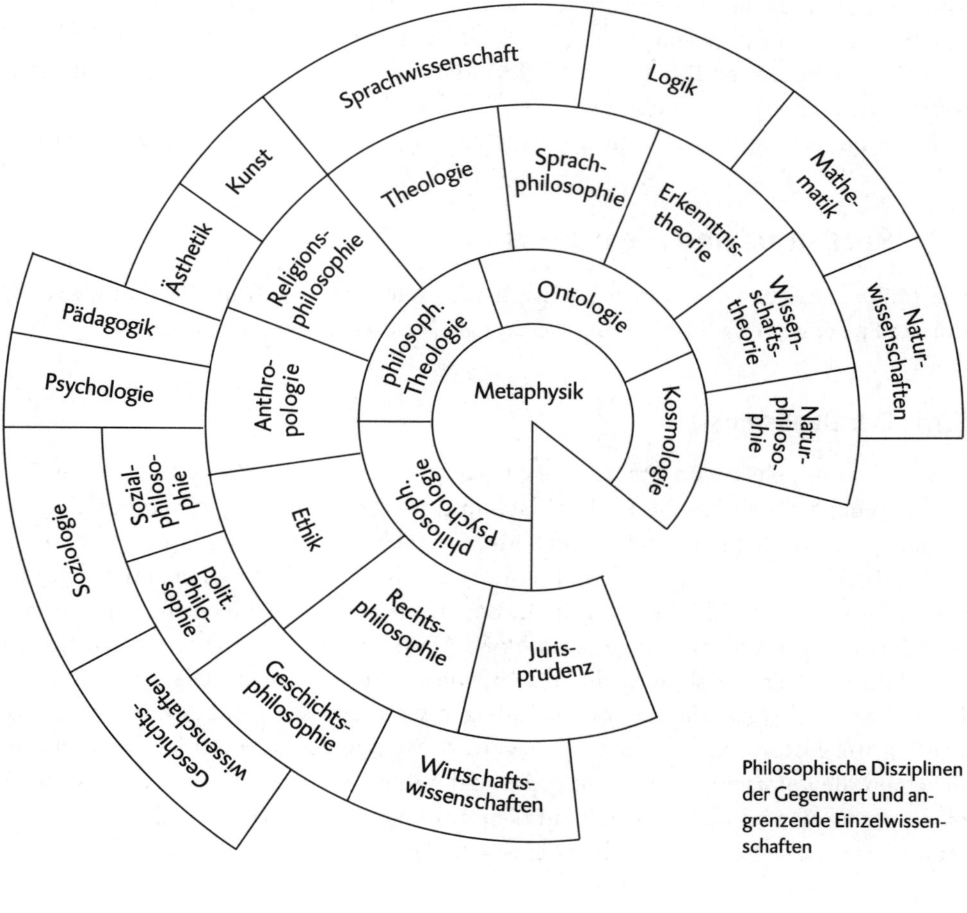

Philosophische Disziplinen der Gegenwart und angrenzende Einzelwissenschaften

Alles Erkennen hat letztlich zum Ziel, die **Idee der Wahrheit** zu klären und nach einem Beweis für die Realität der Außenwelt zu suchen. Die Erkenntnistheorie liefert ihre Deutungen dazu auf nicht-empirischem, philosophischem Weg.

Um zur Erkenntnis einer Wahrheit zu gelangen, eignen wir uns Sinngehalte von Zuständen, Vorgängen und Sachverhalten an. So werden wir fähig, die Realität zu beurteilen. Als Individuen, als Subjekte, nehmen wir Besitz vom Objekthaften, das uns umgibt. Das Wissen, das wir uns so aneignen, wird zu unserem geistigen Erkenntnisinhalt. Dabei ist die **Erfahrung** eine Erkenntnisgrundlage der Wissenschaft, während das **„Wissen"** über die Unzugänglichkeit einer allumfassenden Wirklichkeit die Erkenntnis der Metaphysik ist. Wir stehen damit vor unterschiedlichen Zugangsmöglichkeiten zur Erkenntnis.

Erkenntnis ist ein Geschehen, das durch das Handeln eines Erkenntnissubjekts gegenüber einem Erkenntnisobjekt bestimmt wird. Das Ziel des Erkenntnissubjekts ist es, das Erkenntnisobjekt in seinen geistigen Besitz zu bringen. Dieses geistige Haben wird als Wissen bezeichnet. Das Resultat selbst nennt man Erkenntnis, die in **Aussagen, Sätzen und Urteilen** formuliert wird.

Einige der wichtigsten Erkenntnispositionen sollen im Folgenden vorgestellt werden.

5.1 Realismus und Idealismus

Die philosophischen Positionen des Realismus und des Idealismus beschäftigen sich mit der Frage, was objektive Realität ist und wie sie erkannt werden kann.

5.1.1 Der Realismus

Der Realismus geht davon aus, dass es eine vom menschlichen Bewusstsein unabhängige **objektive Realität** gibt. Real ist also nur das, was unabhängig vom menschlichen Denken und unabhängig von den durch uns wahrnehmbaren Einzeldingen existiert.

PLATON entwickelte die Theorie, dass die wahre Realität allein den über den sinnlich wahrnehmbaren Einzeldingen liegenden **Begriffen** der Dinge zukommt *(„universalia sunt realia")*, während die Dinge selbst bloße Abbilder dieser Begriffe sind. Die eigentliche Wirklichkeit muss also nicht so sein, wie wir sie anschauen. Die wahre Realität kann nicht durch unsere Sinne, sondern **allein durch den Verstand erkannt werden.** Die Begriffe, Platon nennt sie „Ideen", trägt jeder Mensch von jeher in sich; sie sind aber in seinem Bewusstsein verschüttet, sodass der Mensch sie nur erfassen kann, wenn er einen mühsamen und schmerzhaften Erkenntnisprozess durchläuft. Die höchste Realität und damit die höchste Wahrheit liegt nach Platon in der „Idee des Guten". Die Idee des Guten zu „schauen“ ist das oberste Ziel menschlichen Erkenntnisstrebens. Wie der Erkenntnisprozess bis zum Erkennen der Ideen abläuft, beschreibt Platon in mehreren Gleichnissen, am anschaulichsten im so genannten Höhlengleichnis.

Dieser platonische „Begriffsrealismus“ wurde von einigen scholastischen* Denkern übernommen, z. B. von ANSELM VON CANTERBURY (1033–1109), und in der Neuzeit in erkenntnistheoretischen Zusammenhängen weiterentwickelt.

Eine Form des Realismus, die verstärkt in der Neuzeit in erkenntnistheoretischen Zusammenhängen auftaucht, ist der **naive Realismus.** Diesem Standpunkt zufolge wird die vor allem in der Wahrnehmung gegebene Welt als real aufgefasst; es gibt eine Entsprechung zwischen unseren Wahrnehmungsinhalten bzw. Bewusstseinsinhalten und der Struktur der Außenwelt.

Platons Höhlengleichnis

Das Höhlengleichnis Platons zeigt, dass das wahre Sein nicht von unseren Sinnen, sondern allein vom Geist erfasst werden kann. Menschliche Erkenntnisbedingungen erschweren allerdings den Zugang zur Wirklichkeit. In einer philosophischen, vernunftorientierten Erkenntnis lassen sich diese Erkenntnisbedingungen überwinden und die Wirklichkeit kann erfasst werden. Aus der Erkenntnis des Wahren folgt die Fähigkeit des Menschen, das Gute zu tun. Dieser Ansatz trägt somit einen ethischen Optimismus in sich.

In seinem Höhlengleichnis vergleicht Platon das menschliche Dasein mit dem Aufenthalt in einer unterirdischen Höhle. Die Menschen sind gefesselt und sitzen mit dem Rücken gegen den Höhleneingang. Während hinter ihrem Rücken Gegenstände hin und her getragen und durch ein Feuer beschienen werden, sehen die Gefesselten an der vor ihnen liegenden Höhlenwand nur die durch das Feuer erzeugten Schatten der Gegenstände. Diese Schatten halten sie für die einzige Wirklichkeit.

Wird nun einer der Menschen befreit und erblickt, wenn er sich umdreht, das Feuer, nimmt er, da er durch das Feuer geblendet ist, nur ein Flimmern der Gegenstände wahr, deren Schatten er zuvor sah.

Die wahre Welt kann er erst erkennen, wenn er die Höhle verlässt, um die Dinge im reinen Licht der Sonne zu betrachten. Wenn er aber außerhalb der Höhle steht, blickt er in das volle Licht, in die Sonne. Die Augen schmerzen ihn und er möchte zu den Dingen zurückkehren, die er, ohne geblendet zu werden, anschauen konnte. Er hält die Schattenwelt für die wahre Welt, die wahre Welt aber für unwirklich. Erst allmählich, Schritt für Schritt, kann er sich an die Wahrheit der Welt außerhalb seiner Höhle gewöhnen.

Wollte er die anderen Menschen von ihren Fesseln befreien, um ihnen die Illusion über ihre Wirklichkeit zu nehmen, würden sie ihm nicht glauben und sich ihm gegenüber aggressiv verhalten.

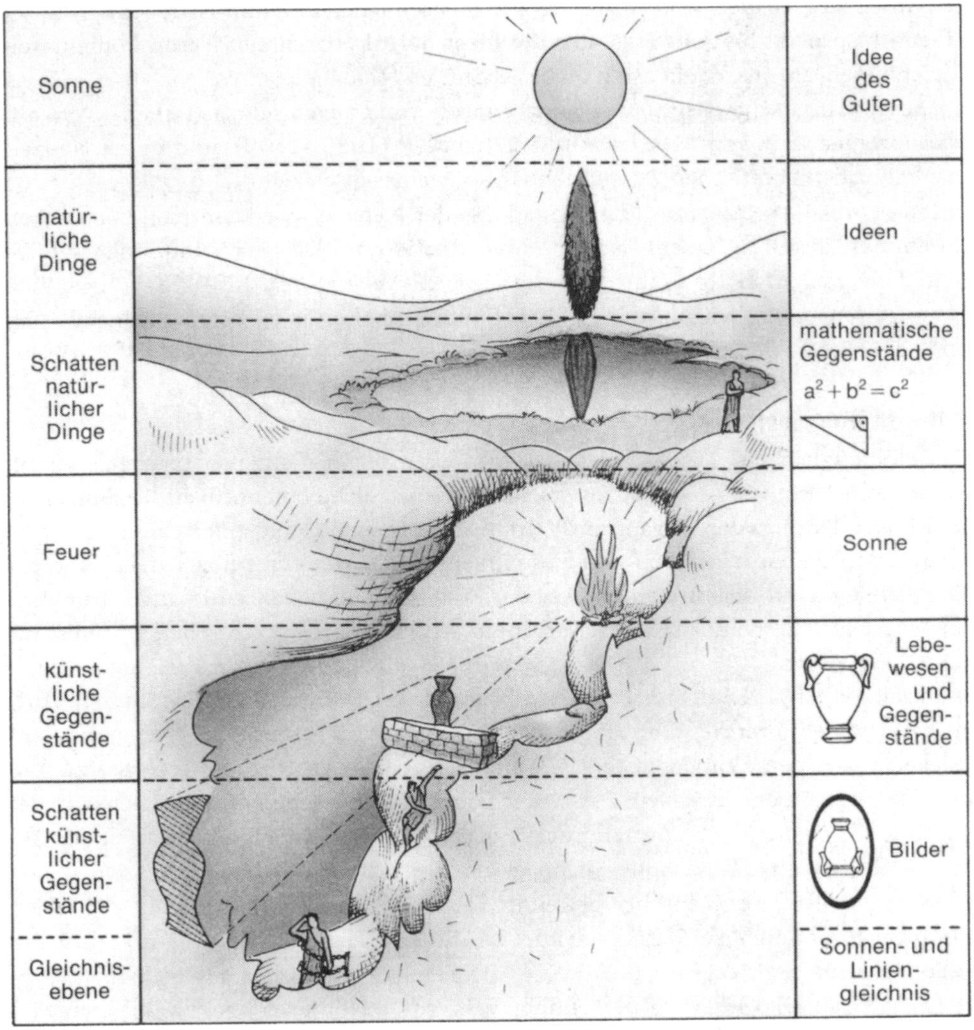

Platons Höhlengleichnis

Durch das Höhlengleichnis beschreibt Platon das menschliche Leben und die Erkenntnisfähigkeit der Menschen. Unser Dasein ist dem Dasein in einem Gefängnis vergleichbar. Hier leben die Menschen unkritisch und in einer Scheinwelt. Sie nehmen ihre Umgebung nur als bloße Schatten wahr und wissen nichts davon, was das eigentliche Sein ist. Die Sinne sind nur auf einen kleinen Ausschnitt der umgebenden Welt beschränkt.

Der Mensch aber soll die Wahrheit erblicken, indem er zum hellen Licht der Sonne, d. h. dem wahren Sein, aufsteigt. Dieses wahre Sein liegt den Erscheinungen als Idee, als ihr Wesen, zugrunde. Diese Erkenntnis aber gelingt nur ganz langsam und der bequeme Mensch möchte lieber in die Scheinwelt der Höhle zurück. Die Befreiung der anderen Menschen, also ihre Aufklärung über die eigentlichen Verhältnisse des Lebens, stößt auf Widerwillen. Aber gerade in dieser Handlung, durch die die Emanzipation der Mitmenschen erreicht werden soll, liegt die notwendige ethische Praxis. Der Mensch soll sich, so Platon, aus der Scheinwelt befreien und zu vernünftigen Handlungsweisen finden, um die Humanität des Guten in der Gemeinschaft mit allen befreiten Menschen zu verwirklichen.

5.1.2 Der Idealismus

Dem philosophischen Idealismus zufolge ist die Grundlage jeder Erkenntnis das Subjekt. Die **objektive Realität ist ausschließlich ein Produkt des denkenden Subjekts,** eine Wirklichkeit, die vom Subjekt unabhängig ist, existiert nicht.

Die einzig wahre und reelle Existenz wird durch das Ideelle und Geistige verkörpert, die materiellen Einzeldinge werden durch das Geistige bestimmt bzw. auf es zurückgeführt. Insofern sind die sinnlich wahrnehmbaren Einzeldinge nur seiend und erkennbar, weil sie an den **geistigen Vorstellungen,** den „Ideen“ teilhaben.

Nach KANT gibt es zwar ein bewusstseinsunabhängiges „Ding an sich“, es kann aber nicht erkannt werden; erkannt werden können nur die „Dinge, insofern sie dem erkennenden Subjekt erscheinen“. Die Dinge werden durch den Erkenntnisapparat des Subjekts „geformt“ und werden so zu dem, als was wir sie sehen.

Mit den Positionen Kants setzten sich im späten 18. und frühen 19. Jahrhundert die Vertreter des „Deutschen Idealismus“, JOHANN GOTTLIEB FICHTE (1762–1814), FRIEDRICH W. J. SCHELLING (1775–1854) und GEORG W. F. HEGEL (1770–1831) auseinander. Ihre philosophischen Arbeiten kennzeichnen den Höhepunkt der idealistischen Philosophie.

5.2 Rationalismus und Empirismus

Die Positionen des Empirismus und des Rationalismus setzen sich mit der Frage auseinander, **welche Erkenntnisquellen bevorzugt werden sollen.** Im Rationalismus wird das reine Denken als Medium und Quelle der wahren Erkenntnis angesehen, im Empirismus hingegen die sinnliche Erfahrung.

5.2.1 Neuzeitlicher Rationalismus und kritischer Rationalismus

Der neuzeitliche Rationalismus

Die Hauptvertreter des neuzeitlichen Rationalismus betonen die Möglichkeit, den Aufbau der Wirklichkeit aus reinen Prinzipien des Denkens zu erkennen; die **Quelle der Erkenntnis ist also die Vernunft.** Sie ist ein von allen äußeren Einflüssen unabhängiges menschliches Erkenntnisorgan, das aufgrund „angeborener Ideen" den Vorrang des nichtempirischen Wissens vor dem empirischen Wissen ermöglicht.

RENÉ DESCARTES, ein Vertreter des Rationalismus, formuliert, dass nur das wahr, d. h. real sein kann, was klar und deutlich im Selbstbewusstsein aufzufinden ist, denn das Selbstbewusstsein, das Ich, ist das Einzige, das selbst nicht mehr angezweifelt werden kann, da es sich selbst als denkendes Subjekt voraussetzt *(„cogito, ergo sum")*.

Die Vertreter des Rationalismus, neben Descartes auch BARUCH DE SPINOZA (1632–1677) sowie GOTTFRIED WILHELM LEIBNIZ (1646–1716), orientieren sich stark am mathematisch-naturwissenschaftlichen Wissenschaftsideal und der mathematischen Methode, aus wenigen, sicheren Axiomen Schlüsse zu ziehen. Die logische Ordnung der Welt ermöglicht es, sie deduktiv* zu erfassen und weitere Aussagen zu treffen.

Einige Grundmotive und Grundeinsichten des neuzeitlichen Rationalismus werden in den verschiedenen philosophischen Positionen des 20. Jahrhunderts aufgenommen und in einer anderen Form weiterentwickelt, so z. B. im kritischen Rationalismus.

Der kritische Rationalismus

Mit seiner Programmschrift „Logik der Forschung" (1935) begründete KARL POPPER (geb. 1902) eine philosophische Schule, die als Gegenkonzeption zum Logischen Empirismus des „Wiener Kreises"* (vgl. 5.2.2) verstanden werden kann. Der kritische Rationalismus beruht auf der Grundannahme, dass es keine absolute, unerschütterliche Erkenntnis gibt; wissenschaftliche Sätze müssen daher rational und kritisch überprüft werden.

Der kritische Rationalismus lehnt die Induktion* als Verfahren, mit dem eindeutige naturwissenschaftliche Erkenntnisse zu gewinnen wären, ab. Da die Sicherheit einer Theorie nicht ohne weiteres mit der Anzahl der wiederholten Beobachtungen oder Experimente wächst, kann keine wissenschaftliche Theorie als bewiesen angesehen werden. In der Wissenschaft haben wir es nur mit Theorien, Vermutungen und Hypothesen zu tun. Die Verallgemeinerung von Einzelbeobachtungen beruht auf unseren subjektiven Denkgewohnheiten. Wir gewöhnen uns an die Wiederkehr gewisser Ereignisse und meinen, dass solche Ereignisse auch in der Zukunft und im gesamten All regelhaft vorkommen. Dieses Wissen ist aber ein **„irrationaler Glaube"**, da wir die Verallgemeinerung als gültig voraussetzen. Wir wissen nie, ob das, was wir als Erkenntnis gefunden haben, die Wahrheit ist.

Daher lässt Popper als Methode wissenschaftlicher Erkenntnis lediglich die **Falsifikation*** gelten: Eine wissenschaftliche Aussage kann zwar durch Experimente nicht bewiesen werden, sie kann aber durch Beobachtung widerlegt, also falsifiziert werden. Erst wenn man Bedingungen angeben kann, unter denen man die Aussage als widerlegt ansieht, ist die Aussage tatsächlich wissenschaftlich zu nennen. Wenn der Versuch, eine Aussage zu falsifizieren, misslingt, kann man weiterhin mit der Theorie arbeiten – so lange bis sie falsifiziert wird. Die **Dynamik der Wissenschaft** besteht darin, Theorien aufzugeben und nach neuen zu suchen. Die neue Theorie unterscheidet sich von der alten nicht dadurch, dass sie absolut wahr ist, sondern dadurch, dass sie mehr Phänomene erklären kann. Insofern stellt eine Theorie kein Dogma*, d. h. keine ewige und absolute Wahrheit dar.

Für das **Verhältnis von Naturwissenschaft und Religion** ergibt sich nach Popper die Konsequenz, dass sowohl naturwissenschaftliche Aussagen als auch metaphysische Sätze oder moralische Normen keine endgültige Wahrheit und Gültigkeit für sich beanspruchen können. Sie sind zwar nicht sinnlos, tragen aber pseudowissenschaftlichen Charakter. Der kritische Rationalismus lehnt jede Behauptung, die absolute Wahrheit beansprucht, als unbegründet ab und kommt damit in Opposition zur Theologie, insofern diese dogmatische Wahrheiten, die sich auf die Bibel oder kirchliche Verkündigungen stützen, propagiert. **Objektive Wahrheiten, die sich statisch verstehen und so ihre Weltanschauung begründen, sind nicht haltbar.** Jede Weltsicht und Gesellschaftsform muss so offen sein, dass sie von Erfahrungen und Erkenntnissen abgelöst werden kann, die sich im Laufe der Zeit als die jeweils besseren erweisen.

Im religiös-ethischen Bereich schlägt der kritische Rationalist HANS ALBERT (geb. 1921) vor, anstatt der Letztbegründung ethischer Prinzipien eine kritische Prüfung vorzunehmen, die am Leitfaden der jeweils relevanten Maßstäbe bzw. Kriterien vollzogen wird und daher wiederum für eine neue Entwicklung und Beurteilung offen ist.

5.2.2 Klassischer Empirismus und logischer Empirismus

Der klassische Empirismus

Der philosophische Erkenntnisansatz des Empirismus, auch Sensualismus oder Positivismus genannt, bezeichnet nur diejenigen Gegenstände und Phänomene als wirklich, die den **Sinneswahrnehmungen** des Menschen zugänglich sind, nach dem Prinzip *„Nihil est in intellectu, quod non prius fuerit in sensu"* (Nichts ist im Verstande, was nicht vorher in den Sinnen war). Die **Quelle der Erkenntnis ist also das Gegebene,** d. h. das mit naturwissenschaftlichen Methoden Erfassbare; aber erst der richtige Vernunftgebrauch kann die sinnlich wahrnehmbaren Phänomene ordnen und induktive* Schlüsse aus ihnen ziehen.

Die bekanntesten Vertreter des Empirismus in der Antike sind ARISTOTELES und EPIKUR. Im 17. und 18. Jahrhundert wurde der Empirismus unter anderem von THOMAS HOBBES (1588–1679), JOHN LOCKE (1632–1704), GEORGE BERKELEY (1685–1753) und DAVID HUME (1711–1776) vertreten. Sie wenden sich vor allem gegen die von den Rationalisten vertretene Annahme der „angeborenen Ideen" und gehen davon aus, dass jedes Wissen auf die begriffsfreie Erfahrung zurückgeführt werden kann. Für Locke gibt es keine angeborenen Ideen, da das menschliche Bewusstsein vor dem ersten Sinneseindruck ein unbeschriebenes, leeres Blatt ist *(„tabula rasa")*.

Hinsichtlich der naturwissenschaftlichen Methoden ist besonders Humes Einschätzung der **Kausalität** von Bedeutung: Ein kausaler Zusammenhang zwischen zwei Vorgängen kann mithilfe der Beobachtung bzw. aus der Erfahrung nicht erwiesen werden, es kann lediglich die regelmäßige Abfolge der beiden Vorgänge beobachtet werden. Da zwischen den beiden Vorgängen jedoch kein logischer Zusammenhang besteht, kann durch die Gewohnheit nur *geglaubt* werden, dass ein Vorgang die Ursache eines anderen Vorgangs ist. Bewiesen werden kann ein kausaler Zusammenhang jedoch nicht.

Der logische Empirismus

Ausgehend vom klassischen Empirismus entwickelte der „Wiener Kreis"* um RUDOLF CARNAP (1891–1970) in den Jahren 1920 bis 1950 eine moderne, modifizierte Form des Empirismus, den logischen Empirismus, auch „logischer Positivismus" oder „Neopositivismus" genannt.

Entscheidend für den logischen Empirismus ist die Verknüpfung zwischen der auf den klassischen Empirismus zurückgehenden Betonung der Erfahrung einerseits und der Methode der logischen Analyse andererseits. Der logische Empirismus lässt neben der Erfahrung als **zweite Quelle der Erkenntnis die Logik** zu.

Mithilfe eines neu eingeführten „Sinnkriteriums" unterscheidet der logische Empirismus **sinnvolle Sätze** von bloßen Scheinsätzen: Als sinnvoll und wahr werden nur solche Aussagen angesehen, die entweder empirisch verifiziert werden können oder sich als analytische* Sätze durch logische Schlussfolgerungen begründen lassen, z. B. durch die Sätze der Mathematik. Metaphysische Aussagen hingegen werden als sinnlos betrachtet, da sie empirisch nicht überprüfbar sind. Wird das Sinnkriterium verletzt, so entstehen in der Philosophie so genannte Scheinprobleme.

Durch die Anwendung logisch-mathematischer Verfahren entwickelt sich aus der Erfahrung sichere Erkenntnis: Alles Wissen ist eine logische Konstruktion auf der Basis der Erfahrung.

5.3 Der Materialismus

„Materialismus" bezeichnet seit der ersten Hälfte des 18. Jahrhunderts eine philosophische Grundrichtung, die die Materie – nicht wie der Idealismus den Geist – als das Primäre und Bestimmende ansieht. Unabhängig von der Bezeichnung „Materialismus" existieren in der Philosophiegeschichte von Anfang an materialistische Positionen, die die körperliche Materie als die einzige Art des Seins und als die alles tragende Art der Wirklichkeit anerkennen. Als gesicherte Erkenntnis gilt demnach nur das, was prinzipiell und von jedermann unter den angegebenen Bedingungen beliebig oft wiederholt und überprüft werden kann. Subjektive, nicht wiederholbare Erlebnisse und Erkenntnisse werden als Grundlage objektiver Erkenntnis ausgeschlossen.

Der Materialismus versteht sich als die Grundlage der naturwissenschaftlichen Methoden, der Technik und der instrumentellen Vernunft, kann aber in dieser Ausschließlichkeit und Einseitigkeit keine Aussagen über den Sinn und Zweck des Lebens machen. Trotz dieses Versagens stellt er die Denkweise der meisten Menschen in der Moderne dar, weil sich mit ihm am ehesten das Streben nach materiellem Reichtum rechtfertigen lässt. Sein ethischer Impuls richtet sich daher vor allem auf den Erwerb von Gütern, deren Nutzen und Genuss offensichtlich ist. Alles ideelle, uneigennützige und selbstlose Streben ist zweitrangig.

5.4 Theorien, die jegliche Erkenntnismöglichkeit verneinen

Agnostizismus

Der Agnostizismus* besagt, dass das wahre Sein unerkennbar ist. Daher bleiben uns das Göttliche, die Wahrheit und die Wirklichkeit verschlossen. Gott ist der abwesende Gott *(„deus absconditus")*. Dem Agnostizismus zufolge kann die Metaphysik, eingeschlossen die Vorstellung von der Transzendenz Gottes, keinen Anspruch auf Wissenschaftlichkeit erheben.

Skeptizismus

Die Position des Skeptizismus* zweifelt daran, dass Wahrheit überhaupt sicher erkannt werden kann. Der Skeptizismus begründet den Zweifel durch die Verschiedenheit der Lebewesen, der Menschen, der Sinnesorgane, der Zustände des Individuums, der Lagen, Entfernungen und Orte, ferner durch die Unterschiedlichkeit der Erscheinungen und Wahrnehmungen, der Bildung, Sitten und Gesetze, der religiösen und philosophischen Anschauungen sowie der Relativität der Wahrnehmungen überhaupt.

5.5 Der Anspruch der Metaphysik

Das metaphysische Denken zeichnet sich dadurch aus, dass es nicht der sinnlichen Wahrnehmung, sondern dem reinen Denken aus Vernunft die wahre Seinserkenntnis zuspricht, dessen Ziel die **Erkenntnis Gottes** ist. Metaphysik bezeichnet das, was die gegebene, unmittelbare Wirklichkeit überschreitet. Indem sie die Erscheinungswelt im Denken transzendieren will, versteht sie sich als **Wissenschaft von den letzten, d. h. ursprünglichen Dingen.**

Zu den Begriffen und Fragen, mit denen sich die Metaphysik beschäftigt, gehören das Sein, die Frage nach dem Nichts, die Freiheit und Wahrheit, die Seele, das Werden, die Natur und die Frage nach Gott. Die Metaphysik betrachtet das Sein, das den Naturdingen zugrunde liegt, und versucht, vom bloß sinnlichen Dasein zum Sein, das hinter den Dingen liegt, nämlich der Transzendenz, denkend vorzudringen.

Im Sinne des logischen Empirismus und der auf ihm fußenden Naturwissenschaft sind die metaphysischen Probleme falsch gestellte Fragen, die sich wissenschaftlich als Scheinfragen erweisen, denn die geistige Aufgabe des Menschen besteht darin, die Wirklichkeit zu berechnen und zu beherrschen. Somit wurde Metaphysik im 19. Jahrhundert als Illusion, als spekulative Begriffsbildung betrachtet.

Erst im 20. Jahrhundert gibt es wieder einen zaghaften Vorstoß zu metaphysischen Fragen mit der Perspektive, die **Wirklichkeit in ihrer Ganzheit zu erfassen.** Metaphysik wird jetzt zu einem Bereich, der die Ergebnisse und Erkenntnisse der Wissenschaften in einer höheren Einheit, in die auch die religiösen Bedürfnisse des Menschen einbezogen sind, zusammenfasst. In der Metaphysik werden die Grundgesetze der Wirklichkeit untersucht, nämlich Entstehen, Vergehen, Sein und Werden, die allen anderen Wissenschaften (Physik, Biologie, Mathematik und Ethik*) vorangehen: Empirische* Wissenschaft wird mit metaphysischen* Impulsen betrieben.

	Metaphysik: Wissenschaft von den letzten Dingen; durch die Fragen nach dem Woher und Wohin des Menschen, der Dinge und der Welt sowie der Frage nach Gott ist die Metaphysik allen anderen Wissenschaften prinzipiell vorgeschaltet.				
	Realismus	**Idealismus**	**Rationalismus**	**Empirismus**	**Materialismus**
Wirklichkeit	Es gibt eine unabhängig vom menschlichen Bewusstsein existierende objektive Realität (die „Ideenwelt"). Die materiellen Dinge sind nur Abbilder der geistigen Dinge. Naiver Realismus: Real ist die in der Wahrnehmung gegebene Welt	Die objektive Realität ist ausschließlich ein Produkt des menschlichen Bewusstseins. Wahr sind nur die geistigen Dinge, alles Materielle wird auf das Geistige zurückgeführt.	Real ist nur das, was im Verstand bzw. im Selbstbewusstsein aufzufinden ist.	Real existierend sind nur die Phänomene, die durch Sinneswahrnehmungen erkennbar sind.	Die einzige Art des Seins liegt im Materiellen.
Möglichkeit von Erkenntnis	Die objektive Realität kann durch den Verstand prinzipiell erkannt werden.	Die „Dinge an sich" können während des Lebens nicht erkannt werden.	Die Dinge werden im Verstand erkannt; sinnliche Erfahrung spielt für den Erkenntnisprozess keine Rolle. Kritischer Rationalismus: Alle wissenschaftlichen und theologischen Aussagen sind vorläufig, da dem Menschen eine endgültige Erkenntnis nicht möglich ist. Als wissenschaftliche Methode kommt nur die Falsifikation in Betracht.	Die geistigen Dinge können erst dann erkannt werden, wenn ihnen eine Sinneserfahrung zugrunde liegt. Logischer Empirismus: Wahr sind nur die Phänomene, die entweder durch Sinneswahrnehmungen erfasst oder durch logische Analyse begründet werden können.	Subjektive Erkenntnisse können nicht als wahr gelten.

5.6 Religiöse Erfahrung

Wir erfahren Wirklichkeit auf der physischen, der psychischen, moralischen, der sinnstiftend-religiösen Ebene und in der belebten Natur durch Erneuerung der in ihr wirkenden Kräfte.

Die religiösen Erfahrungen betreffen das, was jenseits unserer Alltagserfahrungen „hinter" dem materiell Verfügbaren liegt. Sie betreffen den **transzendenten* Bereich des Daseins,** das Heilige. Religiös sein ist zu verstehen im Sinne von Erkennen des Allumfassenden, des Gesamtzusammenhangs, nicht allein des materiellen, gegenständlichen Teils, sondern auch des Immateriellen. Daher ist religiöse Erfahrung innerlich und individuell. Sie ist umfassend, d. h. auf den gesamten Menschen und sein Lebens- und Weltverständnis bezogen; sie ist aber nicht weltlos und weltenthoben, nicht weltfremd, sondern sie ist ein Teil unserer Alltagswelt und will diese gleichzeitig übersteigen. Religiosität lässt sich nicht erzwingen, sie ereignet sich überraschend. Sie lässt sich nur unzulänglich durch Sprache mitteilen und ist zugleich auf außersprachliche Symbolik angewiesen.

Während die physikalisch-naturwissenschaftliche Wirklichkeitserfahrung bestimmt ist durch das Mess- und Berechenbare, das in Raum und Zeit Vorfindliche und durch das den Sinnen Erfahrbare und vom Subjekt Unabhängige, ist religiöse Erfahrung ein **Zugang zur Wirklichkeit,** der von der persönlichen Betroffenheit und Ergriffenheit, dem „Heiligen" in und um uns spricht. Das dynamische Element dabei ist der Mensch auf der Suche, der aus seiner Endlichkeitserfahrung heraus das Allumfassende, das wir Gott nennen, erfahren will.

Das **Erkenntnisziel** beider Erfahrungsweisen ist die Wahrheitsfindung: Was erkannt wird, geht in den geistigen Besitz des Individuums als dessen Wissen über.

- Das **naturwissenschaftliche Erkennen** ist das Wissen über die Gesetze der materiellen Welt.
- Das **religiöse Erkennen** ist der Weg zur immateriellen Welt.

Hoimar von Ditfurth: Das Modell der „außersubjektiven Wirklichkeit"

Der Versuch einer Vereinigung der naturwissenschaftlichen Deutung der Welt und des Menschen mit einer religiösen Interpretation, ist das Anliegen des Psychiaters und Neurologen Hoimar von Ditfurth (1921–1989). Seine erkenntnistheoretische Position zeigt, wie es vernunftorientiert möglich ist, an ein Jenseits, d. h. an eine göttliche Wirklichkeit zu glauben. Hoimar von Ditfurth entwickelt damit eine Haltung, mit der er sich vor allem von der Position des naiven Realismus (vgl. 5.1.1) absetzt, der meint, die Wirklichkeit der Welt mit der Art und Weise, wie wir sie wahrnehmen, gleichsetzen zu können, und der daher die Möglichkeit einer „jenseits" von unserer Welt liegenden

Wirklichkeit mit dem Hinweis auf die unmittelbare Erfahrung zurückweist. Die Wirklichkeit jedoch, so argumentiert Ditfurth, hat nicht dort ihre Grenze, wo ihre Wahrnehmung durch die Sinne endet. Wenn wir uns also aus der Vorstellung lösen, eine gedankliche Gleichsetzung zwischen der Erfahrbarkeit der Welt und der Gesamtheit ihrer Existenz zu vollziehen, lässt sich vernunftbegründet von der Möglichkeit einer Realität außerhalb unserer Vernunft, d. h. einer „außersubjektiven Wirklichkeit", sprechen. Somit erweist sich die Realität unserer Alltagswelt als Gegenstand einer Annahme, keineswegs aber als gesichertes Wissen. Die Wirklichkeit dieser erfahrbaren Welt anzuerkennen, ist daher nicht das Resultat einer Erkenntnis, sondern eher ein Akt des Vertrauens. Denn was wir über die Welt erfahren, ist nur das, was uns die angeborenen Strukturen unseres Wahrnehmens, Denkens und Vorstellens übermitteln. Was wir erleben, ist nicht das Abbild der Welt, sondern das Abbild unseres Denkapparats. Über die Weltwirklichkeit selbst erfahren wir nichts.

Für das **Wissenschaftsverständnis** ergibt sich die Konsequenz, dass von einer absoluten Objektivität nicht gesprochen werden kann, da sich der Mensch in seinen Forschungen nur selbst wiedererkennt. Experimentelle Überprüfbarkeit und Beweisbarkeit beziehen sich nur auf einen Teilbereich der Realität.

Es gibt keine unbezweifelbaren Tatsachen: Verifikation, die den Grundpfeiler wissenschaftlichen Wahrheitsverständnisses ausmacht, ist relativ.

Für das **Religionsverständnis** ergeben sich die erkenntnistheoretischen Folgen, dass eine außerhalb der Erfahrbarkeit liegende Realität vernunftbegründet angenommen werden kann, denn: Warum sollte es dort keine Realität mehr geben, wo sie unserer Vernunfterkenntnis nicht mehr zugänglich ist?

Zu den religiösen Phänomenen, in denen sich die außersubjektive Realität ausdrückt, gehören z. B. das Jenseits, Gott, Auferstehung, Wunder, Gottessohnschaft, Unsterblichkeit, Himmelfahrt, Jüngster Tag.

Religion ist die Überzeugung von der Realität einer jenseitigen, den Horizont unserer sinnlich erfahrbaren Welt transzendierenden Wirklichkeit. Sie ist übervernünftig, aber nicht unvernünftig. Die umfassende Ordnung, die der religiöse Mensch in der Religion zu erreichen sucht, ist **Gott.**

Zusammenfassung: Wie erkennen wir die Wirklichkeit?

Die **Erkenntnistheorie** ist eine Disziplin der Philosophie, die nach der Entstehung, den Bedingungen, dem Wesen, den Prinzipien, Zielen und Grenzen sowie nach der Gültigkeit von Erkenntnis fragt: Ist nur das wirklich, was den Sinnen zugänglich ist? bzw. Warum sollte die Wirklichkeit dort ihre Grenzen haben, wo sie für die Erkenntnis unserer Sinne zu Ende ist? Unsere Wahrnehmungsformen von Raum, Zeit und Kausalität sind angeborene Erkenntnisweisen, welche auch die Wirklichkeit in den Kategorien von Raum, Zeit und Kausalität erscheinen lassen. Dass aber die Wirklichkeit „an sich“ deshalb auch so gestaltet ist, kann damit keineswegs erwiesen werden.

Die **erkenntnistheoretischen Positionen** z. B. des Realismus, Idealismus, Rationalismus und Empirismus geben auf die Fragen, ob und wie die Wirklichkeit erkannt werden kann, unterschiedliche Anworten.

In der **Metaphysik,** verstanden als Wissenschaft von den letzten, ursprünglichen Dingen, wird die Welt der Erscheinungen überschritten. So ist zum Beispiel in der Religion eine Raum-Zeit-Welt gültig, die eine außerhalb der subjektiven Erfahrung liegende Wirklichkeit, d. h. ein Jenseits der materiell fassbaren Welt meint. Erkenntnistheoretisch verstanden ist Religion somit die vernunftbegründete Überzeugung von der Existenz einer jenseitigen Realität. Religion ist **übervernünftig,** nicht unvernünftig. Ihre allumfassende Ordnung ist Gott als das Ziel der reinen Vernunft und des metaphysischen Bedürfnisses des Menschen.

6 Glaube und Vernunft – zwei Wege zur Erkenntnis Gottes

Von der Existenz Gottes als einem nicht wissenschaftlich fassbaren Wesen zu sprechen, muss die Überlegung einschließen, wie wir sinnvoll von dessen Existenz und Eigenschaften reden können. Ein **intersubjektiv** nachvollziehbares Reden über Gott, das verständlich und vernünftig sein soll, setzt voraus, dass es Kennzeichen und Erfahrungen Gottes gibt, die kommunizierbar sind.

Eines der menschlichen Grundbedürfnisse besteht darin, Gewissheit über die eigene Existenz zu erlangen. Seit der **Aufklärung** stehen die Gewissheit der Vernunft nach den exakten Regeln und der Beweisführung mathematisch-physikalischer Vorgänge zum einen und die Gewissheit des Herzens, der Triebe, Gefühle und Zuneigungen sowie die Gewissheit des Glauben an Gott zum anderen im Wettstreit miteinander. Es ist ein Ringen um die Erkenntnis der Wahrheit durch Denken im Sinne von Descartes' *„cogito, ergo sum"* und Glauben nach der Weise von Pascals *„credo, ergo sum"*.

Von Descartes' „Ich denke, also bin ich", leitet sich seitdem das anthropozentrische Selbstverständnis des Menschen der Neuzeit ab: das Bewusstsein steht höher als das Sein, die persönliche Freiheit höher als die kosmische Ordnung, der Bereich des **Immanenten*** höher als der des **Transzendenten*.** Die Selbstgewissheit ist im Menschen, nicht in Gott verankert. Der autonome Mensch befreit sich mithilfe der Vernunft aus der Unmündigkeit und sprengt so eine mögliche Synthese aus Glaube und Vernunft. Dennoch ist zu fragen, ob der sich selbst gewisse Mensch keinen Glauben braucht, ob die Vernunft allein das Ganze von Welt und Mensch erklärt und ob die gedankliche Gewissheit über eine Sache gleichzusetzen ist mit der existenziellen Gesichertheit des Menschseins.

Die Ungesichertheit des Menschen, d. h. seine Verlorenheit, seine Bedrohtheit und seine Angst vor dem Alleinsein und dem Tod führen ihn zu Zweifeln an seiner **anthropozentrischen* Selbstgewissheit.** Auf diese Zweifel antwortet die christliche Botschaft mit dem Wagnis des Glaubens an Gott: *„credo, ergo sum"*: Ich glaube, also bin ich.

Dieser Gottesglaube fordert eine Entscheidung heraus, die von der Vernunft nicht bewiesen, aber *vor* der Vernunft verantwortet werden kann. Nicht in den Bereichen der rationalen Beweise fällt die Entscheidung für den Glauben, sondern in den Tiefenschichten des Menschen: im Herzen, in Trieben, Gefühlen und Leidenschaften. Sie beeinflussen die Vernunft für oder gegen den Glauben. Der Weg verläuft von der Gottesgewissheit zur Selbstgewissheit der Existenz: von Gott zum Menschen, nicht vom Menschen zu Gott.

Die Trennung von Vernunft und Glaube, wie Descartes sie sah, kann nicht beibehalten werden, denn man denkt im Glauben und glaubt im Denken. So stehen nach der Sichtweise Pascals Glauben und Vernunft in enger Verbindung miteinander, um die Erkenntnis der Wahrheit zu ermöglichen.

6.1 Gottesbeweise

Im Denken der Menschen hat es immer wieder den Versuch gegeben, die Existenz Gottes durch die Vernunft einsichtig zu machen. Auf diesem „natürlichen" Weg sollte der christliche Glaube mit seiner Rede von der Wirklichkeit Gottes auch gegenüber Zweiflern, Skeptikern und Ungläubigen überzeugend und verbindlich dargestellt werden. Der Zugang zu Gott sollte auf dem Weg des Erkennens (*„credo ut intelligam"* – „ich glaube, um zu erkennen") und des Beweises möglich werden.

So besagt der **ontologische Gottesbeweis** ANSELM VON CANTERBURYS (1033–1109), dass sich Gottes Existenz durch folgendes Argument rational beweisen lässt: Gott ist „das, worüber hinaus nichts Größeres gedacht werden kann" *(aliquid quo maius nihil cogitari potest)*. Dieses Argument, so Anselm, versteht auch der Ungläubige und damit ist es in seiner Erkenntnis, seinem Verstand, verankert. Wenn aber dasjenige, über das nichts Höheres gedacht werden kann, in unseren Gedanken existiert, dann kann man sich vorstellen, dass es darüber hinaus auch in Wirklichkeit existiert. Damit wird deutlich, dass dasjenige, was in Gedanken **und** in Wirklichkeit existiert, größer ist als das, was **nur** in Gedanken existiert. Somit muss „das, worüber hinaus nichts Größeres gedacht werden kann" sowohl in Gedanken als auch real existieren, denn würde es nur in Gedanken existieren, wäre es ja nicht „das, worüber hinaus nichts Größeres gedacht werden kann", da sich noch etwas Größeres denken ließe, nämlich dass es auch noch real existiert. Gottes Nicht-Existenz zu denken, ist daher ausgeschlossen.

Es ist das Hauptmerkmal der **kosmologischen Gottesbeweise,** wie sie von THOMAS VON AQUIN (1225–1274) aufgestellt wurden, dass die Existenz der Welt und alle Bewegung in ihr auf eine Ursache zurückgeführt wird, die selbst ohne weitere Verursachung ist, und das ist Gott. So kann Thomas von Aquin in seinen fünf Gottesbeweisen sagen:

- Der erste Beweger für alle Bewegungen und Veränderungen ist Gott.
- Die erste Ursache für alle Entstehungen und Wirkungen ist Gott.
- Alle Dinge, die aus sich heraus oder durch andere für die Existenz der Welt und des Lebens notwendig sind, werden getragen von einem ersten Notwendigen, nämlich Gott.

- Um beim Vergleich der Dinge in der Welt erkennen zu können, was in größerer oder kleinerer Menge, besserer oder schlechterer Qualität existiert, brauchen wir einen Maßstab für die Vollkommenheit, also für das Wahre, Gute und Schöne, und der ist Gott.
- Auch unsere Erkenntnis, dass die Welt auf ein Ziel, d. h. eine Weltordnung zugeht, ist nur dadurch möglich, dass es ein geistig-erkennendes Wesen gibt, von dem die Zwecke für die Erreichung dieses Ziels gesetzt werden, nämlich Gott.

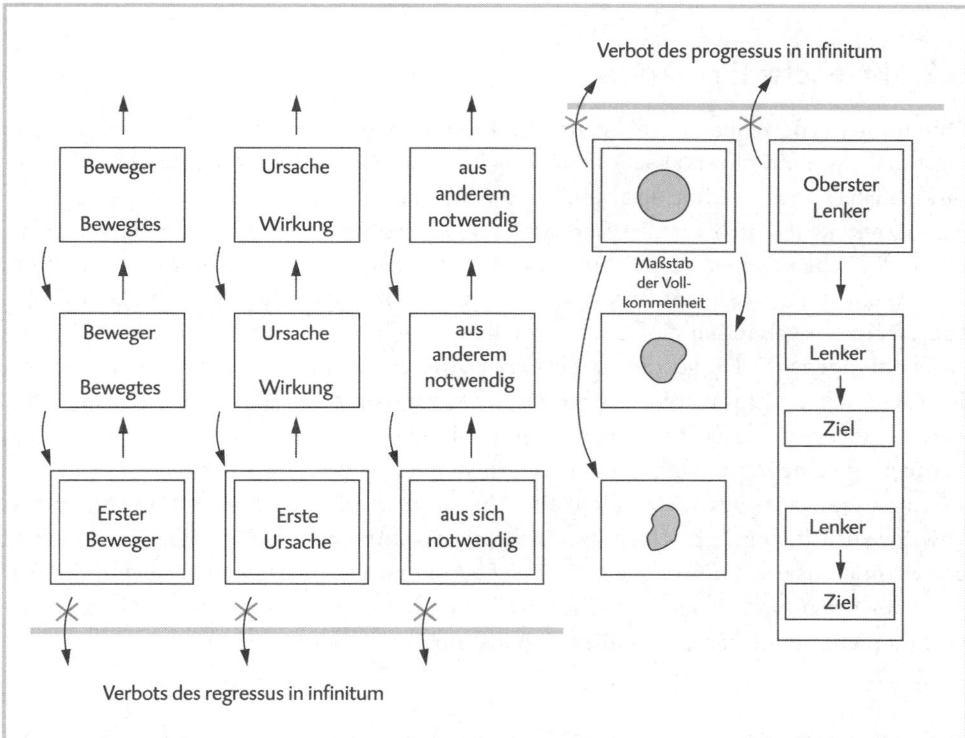

Gottesbeweise des Thomas von Aquin

Der **teleologische Gottesbeweis** sieht den Grund für die Schönheit, Harmonie und Zweckmäßigkeit der Welt in einer höchsten Intelligenz, durch die die Welt in vollkommener Weise geleitet wird, nämlich in Gott. Dieser Gedanke von der Ordnung und Zielgerichtetheit der Welt findet sich im fünften Gottesbeweis des THOMAS VON AQUIN sowie bei GOTTFRIED WILHELM LEIBNIZ (1646–1716) und seiner Idee, dass Gott die beste aller möglichen Welten geschaffen habe.

Der **moralische Gottesbeweis** nach IMMANUEL KANT (1724–1804) schließt von dem Vorhandensein eines sittlichen Bewusstseins auf dessen Urheber und Begründer einer „moralischen Weltordnung". Gott ist die Voraussetzung zur Erreichung des höchsten Gutes, insofern er Sittlichkeit und Glück des Menschen leitet. In seiner „Kritik der praktischen Vernunft" (1788) schreibt Kant: *„Zwei Dinge erfüllen das Gemüt mit immer neuer und zunehmender Bewunderung und Ehrfurcht, je öfter und anhaltender sich das Nachdenken damit beschäftigt: der bestirnte Himmel über mir und das moralische Gesetz in mir."* Gott ist der Urheber dieses moralischen Gesetzes im Menschen.

6.2 Kritische Einwände

Durch einen logischen Beweis kann die Existenz Gottes nicht bewiesen werden, da Gott nicht wie ein physikalisches Phänomen objektivierbar ist. Gott entzieht sich einer rationalen Demonstration und seine „Beweisbarkeit" erweist sich somit als nicht für jeden zwingend. Auch für den Verstand sind Gottesbeweise nicht erzwingbar, da die Denkmöglichkeit eines vollkommenen Wesens, entgegen Anselms Argumentation, noch nicht dessen Existenz erweist. Da unsere Vernunft an den menschlichen Erfahrungshorizont gebunden bleibt, ist es fraglich, ob wir jemals mit der Vernunft über die Erscheinungen der Dinge hinaus gelangen können. Denn erst wenn wir mit dieser Fähigkeit ausgestattet wären, könnten wir den Urgrund des Seins, den wir Gott nennen, erkennen. Solange wir jedoch eine direkte Erfahrung Gottes nicht machen können, ist seine Wirklichkeit in der uns zugänglichen Welt nicht beweisbar.

Immanuel Kant wies die Möglichkeit rational-wissenschaftlich begründbarer Gottesbeweise zurück, denn im Metaphysischen Beweise führen zu wollen, ist nicht möglich, da wir mit unserer Vernunft auf die Erscheinungswelt eingeschränkt sind und daher nicht über den Bereich menschlicher Erfahrung hinausgelangen können: Gottes Existenz ist nicht beweisbar. Das schließt jedoch nicht aus, dass es ihn gibt.

6.3 Falsifikation und Verifikation von Glaubensaussagen

Da die Existenz Gottes kein Gegenstand empirischer Erfahrung ist, muss gefragt werden, was z. B. die religiöse Aussage „Gott existiert" bedeutet. Gibt es Erfahrungen, die Gottes Existenz verifizieren oder falsifizieren?

Gemeinhin verstehen wir unter Gott ein außerhalb unseres Bewusstseins existierendes Wesen. Wie können wir also unser Reden von einem außerempirischen Wesen sinnvoll führen? Wenn wir seine Existenz behaupten und keine inhaltsleeren Aussagen machen wollen, dann muss Gott in irgendeiner Weise charakterisierbar sein.

Falsifikation

Aussagen wie „Gott hat einen Plan“, „Gott schuf die Welt“, „Gott liebt uns, wie ein Vater seine Kinder liebt“ sind Behauptungen, die sich nicht falsifizieren oder verifizieren lassen. Man kann sie auf dreifache Weise behandeln:

1. als vorläufige Hypothesen, die aufgegeben werden, wenn die Erfahrung ihnen widerspricht,
2. als signifikante Glaubensartikel,
3. als leere Formeln, für die die Erfahrung nicht ins Gewicht fällt und die ihrerseits kein Gewicht für das Leben haben.

Für einen Christen, der im Glauben steht, kann die erste Folgerung nicht zutreffen, ohne dass er einen Grundstein der christlichen Lehre aufgeben würde. Auch mit der dritten angegebenen Konsequenz steht er in der Gefahr, Orientierungen für die Lebensgestaltung zu verlieren. Allein Punkt zwei kann für ihn Gültigkeit haben, wenn die Glaubensartikel zum Richtmaß eigenen Handelns werden.

Verifikation

Das christliche Gedankengut kennt die **eschatologische* Verifikation,** also die Verifikation einer Aussage im Jenseits, in Gott. Gott offenbart sich als transzendenter Schöpfer in Jesus Christus und erschließt sich den Menschen in der Lehre Christi. Allerdings entzieht er sich einer Verifikation durch Beobachtung, da seine Attribute wie Allmacht, Allgegenwart, das Gute und unendliche Liebe außerhalb der menschlichen Erfahrung liegen.

Die folgende Parabel zeigt, was mit eschatologischer Verifikation gemeint ist:

Zwei Männer reisen gemeinsam eine Straße entlang. Der eine glaubt, dass sie zur Himmlischen Stadt, der andere, dass sie nach nirgendwo führt. Aber da es nur diese eine Straße gibt, sind beide Männer auf sie angewiesen. Beide haben den Weg noch nie zurückgelegt; deshalb wissen sie zu keinem Zeitpunkt, was sie hinter der nächsten Straßenbiegung erwartet. Sie erleben auf ihrer Reise Augenblicke der Freude und Ermunterung, aber auch solche der Mühe und Gefahr. Die ganze Zeit über sieht sich der eine der beiden auf einer Pilgerfahrt zur Himmlischen Stadt. Die angenehmeren Reiseabschnitte begreift er als Ermutigungen, die Hindernisse als Prüfungen und Lektionen, die ihm vom König jener Stadt auferlegt wurden, damit er bei seiner Ankunft am Zielort würdig ist, dort zu leben. Der andere der beiden glaubt jedoch an nichts dergleichen und betrachtet die Reise als eine ziellose, aber unvermeidbare Irrfahrt. Da ihm in der Sache keine Wahl bleibt, erfreut er sich der angenehmen Seiten und erträgt die unangenehmen. Für ihn gibt es keine Himmlische Stadt, die man erreichen, keinen allumfassenden Zweck, der der Reise einen Sinn verleihen könnte. Im Guten wie im Schlechten gibt es nur die Straße und die Geschicke der Reise.

Nach: Glaube und Vernunft – Texte zur Religionsphilosophie, hrsg. von Norbert Hoerster, Stuttgart 1985, S. 220 f. (bearbeitet).

Das Gleichnis verdeutlicht, dass der Glaube sowohl einen Endzustand, das himmlische Ziel, als auch einen Weg zu diesem Ziel kennt. In der Alternative zwischen Theismus und Atheismus zeigt sich, dass der Lauf der Geschichte für den Theisten auf das Ziel

Georges Rouault: Singt das Morgenlob, der Tag kehrt wieder!, Radierung

hinstrebt, Erfüllung zu finden in der Annahme durch Gott und der Teilhabe an seinem Reich. In diesem Bewusstsein macht er sich auf die Reise, die für ihn symbolträchtiger ist als für den Mitwandernden. Denn für den Atheisten erschließt sich die Welt insofern anders, als er dem Zielort nicht die Bedeutung beimisst wie der Theist und die Sachlage der Wanderung konträr zu ihm interpretiert. Erst am Zielort werden beide rückblickend dazu fähig sein zu entscheiden, wer recht und wer unrecht hatte.

6.4 Das Wesen religiöser Erfahrung

Wenn Gott existiert, erwarten die Menschen, die an ihn glauben, ihn verehren und verkündigen, dass er sich ihnen zeigt und mit ihnen in **Kommunikation** tritt. Eine religiöse Erfahrung ist also dann gegeben, wenn Gott oder ein anderer übernatürlicher „Gegenstand" dem Menschen erfahrbar geworden ist.

Es gibt religiöse Erfahrungen, die dem Menschen als Erfahrung Gottes oder eines anderen „Gegenstandes" übernatürlicher Art erscheinen und durch die jemand etwas Ungewöhnliches, doch allgemein Zugängliches wahrnimmt. Oft sind es religiöse Erfahrungen, in denen das Individuum **Empfindungen** hat, die nur ihm zugänglich sind, die sich jedoch in der für unsere Sinne entwickelten Sprache beschreiben lassen. Darüber hinaus gibt es religiöse Erfahrungen, die nicht durch Empfindungen hervorgerufen sind: hier ist sich das Subjekt einer **Berufung** oder eines Auftrags durch Gott oder einer anderen überzeitlichen Realität bewusst.

6.4.1 Der Beweiswert religiöser Erfahrungen

Bei der religiösen Erfahrung stellt sich die Frage, ob eine Erfahrung einen Beweis für etwas erbringen kann, das gerade jenseits dieser Erfahrung liegt. Dem vernünftigen Denken ist es angemessen, das Vorhandensein dieses Unbekannten, Jenseitigen anzunehmen, wenn es für den betroffenen Menschen plausibel ist, dass es existiert. Was jemand wahrnimmt, ist Grund genug für die Annahme, dass sich das, was er wahrnimmt, auch so verhält. Für die religiöse Erfahrung heißt das, dass diese Erfahrungen als „echt" zu betrachten sind und dass die „Gegenstände" ihrer Erfahrungen wie Gott, Maria oder die letzte Wirklichkeit für diese Menschen real sind.

6.4.2 Konsequenzen für die persönliche religiöse Erfahrung

Ein Maßstab für die Echtheit religiöser Erfahrung ist die Veränderung, die diese Erfahrung im Leben der betroffenen Person hervorruft. Eine Gottesbegegnung kann zu einem Verhalten führen, das sich z. B. in Gebet und Gottesdienst verstärkt ausdrückt. Der Glaube an die Existenz Gottes wird unbezweifelbarer Bestandteil dieser Erfahrung sein.

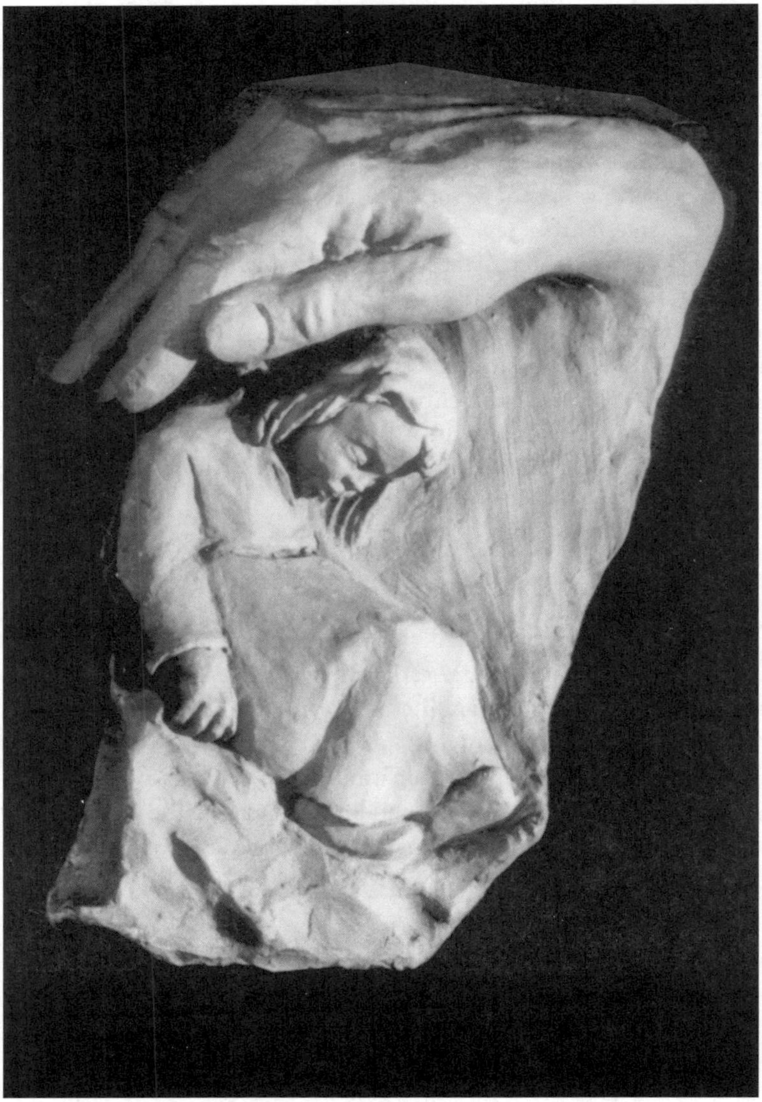

Dorothea Steigerwald: Der Dich behütet schläft nicht, Plastik

Das **Handeln Gottes** ereignet sich für den Gläubigen *in* den weltlichen Ereignissen und Vorgängen. So ist der Glaube an Gott als Schöpfer nur dann echt, wenn ich mich selbst als Geschöpf Gottes verstehe, d. h. wenn ich mich in meiner Existenz angesprochen fühle. Der christliche Glaube kann nur sagen: „Ich vertraue darauf, dass Gott hier und da am Werk ist, aber sein Handeln ist verborgen, weil es nicht direkt mit dem sichtbaren Ereignis identisch ist. Ich weiß noch nicht, was er tut, vielleicht werde ich es nie wissen, aber ich vertraue fest darauf, dass er für meine eigene Existenz wichtig ist, und ich muss fragen, was Gott mir sagt. Vielleicht sagt er nur, dass ich ausharren und schweigen muss."

Der **Glaube** anerkennt das Weltbild der Naturwissenschaft als eine Notwendigkeit, um Arbeitsvorgänge sinnvoll durchführen zu können; er sieht, dass die Kette von Ursache und Wirkung das Reaktionsmuster der Weltgeschehnisse und des täglichen Lebens bestimmt. Aber der Glaube verneint, dass damit die ganze Wirklichkeit der Welt und des Lebens erfasst ist. Der Glaube kann zwar nicht auf Tatsachen gründen, die der empirischen Erschließung zugänglich sind, aber er macht ein neues Verständnis der persönlichen Existenz in einer geschichtlichen Gegenwart möglich. Verzweiflung, Glück, Liebe, neue Begegnungen, Offenheit für die Zukunft, Befreiung von der Illusion, dass wir unsere Existenz durch unsere Entscheidungen selbst bestimmen können, machen dieses Neue aus. Es kommt nicht allein aus der Verfügung über das Leben durch ein wissenschaftliches Modell, sondern aus der Sinngebung durch ein spirituelles Ereignis. Dieses Ereignis begegnet uns in der Bibel als Wort Gottes, im persönlichen Anruf durch Gott, im liebenden Entgegenkommen eines anderen Menschen oder durch die Verkündigung der Kirche.

6.5 Blaise Pascal: Der Glaube zwischen Wagnis und Wille

Der Mathematiker und Physiker Blaise Pascal (1623–1662) führt in seinem Text „Die Wette" Argumente für die „intersubjektive Nachvollziehbarkeit" der Existenz Gottes an. Für ihn ist die Annahme der Existenz Gottes eine Entscheidung, deren **Rationalität** sich durch die Menschen im Glauben beurteilen lässt. Der Glaube bleibt zwar ein Wagnis, aber dieses Wagnis zu scheuen wäre unangemessen, da in einer Wette über die Existenz oder Nichtexistenz Gottes mit der Frage: „Worauf wollen Sie setzen?" zwar Vernunftgründe weder das eine noch das andere beweisen, aber die **Konsequenzen der Entscheidung** für die Annahme der Existenz Gottes sprechen. Wenn jemand auf Gottes Existenz setzt, und Gott existiert, gewinnt er alles; wenn jemand auf seine Existenz setzt, und er existiert nicht, verliert er nichts. Anders herum: Wenn jemand auf Gottes Nichtexistenz setzt, und Gott existiert nicht, gewinnt er nichts; wenn jemand auf seine Nichtexistenz setzt, und er existiert, verliert er vielleicht sehr viel.

Der Mensch kann also ohne Zögern bei einer Wette darauf setzen, dass Gott existiert, denn er setzt auf ein unendliches Gut, ohne dafür etwas aufzugeben. Auf der Basis der Vernunft kann Gottes Existenz weder bewiesen noch widerlegt werden. Nach Pascals Wette erlangt man, wenn es Gott gibt, die ewige Seligkeit. Wenn es ihn nicht gibt, kann man nicht viel verlieren.

Zusammenfassung: Wie erkennen wir die Wirklichkeit?

Wahrnehmungen, die religiöser Art sind, verdienen ebenso ernst genommen zu werden wie Wahrnehmungen, die empirische Dinge betreffen. Das Verhältnis von **Glaube und Vernunft** steht damit unter der Frage, wie Außerempirisches intersubjektiv kommunizierbar ist.

Gott beweisen zu wollen, also von der erfahrbaren in die transzendente Wirklichkeit zu gehen, ist durch Kant als ein Trugschluss erwiesen worden, da die Vernunft auf die Erscheinungswelt beschränkt ist. Dennoch gibt es ein metaphysisches Grundbedürfnis des Menschen, das Gott als eine Leitidee betrachtet und ihn als die **Möglichkeitsbedingung** für die sittliche Autonomie und das Glück des Menschen versteht.

Religiöse **Erfahrungen** rufen nachweisbare Veränderungen im Leben der betreffenden Personen hervor. Von daher sind religiöse Erfahrungen genauso ernst zu nehmen wie empirische Erfahrungen. Denn dem, was jemand als religiöse Wahrnehmung ausgibt, kommt der Charakter eines verlässlichen Zeugnisses in der gleichen Weise zu wie einer empirischen Erkenntnis, zumal im Verhältnis zwischen Vernunft und Glaube der Satz gilt: Auch wenn Gott nicht durch die Vernunft bewiesen werden kann, so ist er doch vor einer Vernunft zu verantworten, die sich mit aufgeklärtem Glauben und Vertrauen auf seine Wirklichkeit einlässt.

7 Merkmale und Methoden wissenschaftlicher Theologie

7.1 Wissenschaftstheorie und Theologie

Wolfhart Pannenberg: Wissenschaftstheorie und Theologie

Wolfhart Pannenberg (geb. 1928), Professor für Systematische Theologie, beschäftigt sich in seinem Buch „Wissenschaftstheorie und Theologie" (1973) mit der Frage nach dem Ort der Theologie im Rahmen wissenschaftstheoretischer Konzeptionen. Er will darlegen, wie Theologie als Wissenschaft möglich ist, welche Grundzüge sie mit anderen Wissenschaften gemeinsam hat und worin ihre Eigenständigkeit ihnen gegenüber besteht. Vor diesem Hintergrund sind seine Ausführungen, wie sie im folgenden Kapitel zum theologischen Reden von Gott, zur christlichen Religion und zur Wissenschaftlichkeit der Theologie zur Sprache kommen, zu verstehen.

Theologie kann als Wissenschaft von Gott nicht von gesicherten Gegebenheiten ausgehen, sondern muss das Wissen um die **Offenheit und Unabgeschlossenheit der Gottesfrage** in die wissenschaftliche Arbeit mit einbeziehen. Denn der Gottesgedanke, verstanden als die alles bestimmende Wirklichkeit, hat sich an der Wirklichkeit, wie sie von den Menschen erfahren wird, zu bewähren. Wenn also mit dem Wort „Gott" ein Hinweis auf die alles bestimmende Wirklichkeit gemeint ist, dann muss alles Reden von Gott darin seine Bewährung finden, dass sich die erfahrene Wirklichkeit als Spur der göttlichen Wirklichkeit zeigt.

Religion erweist sich somit als eine Lebensform, in der die Frage nach der Einheit der Wirklichkeit im Zusammenhang mit gesellschaftlichen Ordnungen und Sinnfindungsprozessen steht. Die **Theologie als Wissenschaft von Gott** gründet in einer menschlichen Erfahrung, die in aller Vorläufigkeit und Veränderbarkeit auf einen letzten Sinn ausgerichtet ist. Die Theologie fragt nach diesem Sinn im Verhältnis des Menschen zur Welt, in der Untersuchung der christlichen Religion wie auch anderer geschichtlicher Religionen. Die Untersuchungen sind dabei auf die Art und Weise göttlicher Offenbarungen im menschlichen Leben gerichtet; Theologie ist demnach Theologie des Christentums wie auch Theologie und Hermeneutik anderer Offenbarungsreligionen.

Die Wissenschaftlichkeit der Theologie ist dann eingelöst, wenn ihre Aussagen kognitiven Gehalt haben, d. h. wenn die Behauptungen, die die Theologie aufstellt, z. B. „Gott existiert", wahr sind. Diese Aussage ist dann wahr, wenn sie mit dem Sachverhalt, über den sie spricht, übereinstimmt. Die Wirklichkeit, über die die Theologie spricht, muss dabei auch unabhängig von diesen theologischen und religiösen Sätzen zugänglich sein. Damit begeben sich theologische Behauptungssätze auf das schwierige Feld, ihre Aussagen der Forderung nach Kontrollierbarkeit und Einheitlichkeit unterstellen zu müssen, wenn sie einem wissenschaftlichen Anspruch gerecht werden wollen. Gott ist aber der Verfügbarkeit und Objektivierbarkeit durch den Menschen enthoben. Er lässt sich nicht wie ein endliches Ding reproduzieren, um seine Gültigkeit unter Beweis zu stellen. Wie also sollten theologische Behauptungen kontrollierbar sein?

Nach dem Ansatz Pannenbergs sind Behauptungen auch an den in ihnen enthaltenen Aussagen überprüfbar. Dabei handelt es sich um Aussagen, die aus der Behauptung hervorgehen, Gott sei die alles bestimmende Wirklichkeit. Das, was das gesamte Leben umfasst, d. h. seinen Sinn ausmacht, findet im Sinne des theologischen Postulats seine Einheit in der Wirklichkeit Gottes. Diese Wirklichkeit ist überprüfbar an dem Ausdruck, den religiöses Bewusstsein in der **Geschichte der Religionen** findet, vor allem aber an der Erfahrung, mit der **gegenwärtig lebende Menschen** sich auf den Sinn ihres Daseins beziehen.

Theologische Aussagen sprechen vom Sinn menschlicher Erfahrungen im Wissen darum, dass unsere endliche Wirklichkeit von einer umfassenderen Wirklichkeit bestimmt ist. Sie verweisen darauf, wie sich diese Wirklichkeit in der Tradition und ihrer Rezeption in der gegenwärtigen Erfahrung zum Ausdruck bringt. Im **gegenseitigen Bezug von Tradition und Gegenwart** lassen sich theologische Aussagen auf ihren Wahrheitsgehalt überprüfen, jedoch können sie nicht zu endgültigen Entscheidungen oder Gewissheiten führen, da die Wirklichkeit, von der sie reden, unabgeschlossen bleibt bis zum Ende aller Geschichte. Darin besteht die Offenheit theologischer Existenzdeutung.

Helmut Peukert: Wissenschaftstheorie und fundamentale Theologie

Der Philosoph, Pädagoge und Theologe Helmut Peukert (geb. 1934) postuliert, dass sich die Wahrheit theologischer Wirklichkeit sich im **Verhalten,** im **Handeln** und in der **Reflexion** erweist. In der Anerkennung des anderen verändert sich dessen und meine Gegenwart, im kommunikativen Vorgriff eröffnet sich Zukunft für ihn und mich. Wird Theologie als die Theorie dieser Kommunikation, als in Solidarität mit dem anderen praktizierte Handlungsweise verstanden, drückt sich in ihr ein Existenzvollzug aus, der über die Wirklichkeit hinausreicht, sie transzendiert. Die auf diese Weise erschlossene Wirklichkeit beschreibt Gott.

Theologie als **Theorie kommunikativen Handelns** meint die Interaktion mit dem anderen gegen dessen Tod; als **Theorie des Subjekts** entfaltet sie identitätsstiftende Merkmale in der Anerkennung des anderen; als **Theorie der Gesellschaft** macht sie auf Mechanismen der Unterdrückung aufmerksam, durch die die Identitätsbildung der

Subjekte verhindert wird; als **Theorie der Geschichte** weist sie auf die Erfahrungen der Vergangenheit hin, mit denen sich ein Potenzial des Widerstands gegen Gefahren des Totalitarismus entfalten lässt, um so die Wirklichkeit des Individuums als Selbsterfahrung und Identitätsbildung in Freiheit aufrechtzuerhalten.

7.2 Methoden zur Erschließung biblischer Texte

Während PANNENBERG und PEUKERT darlegen, dass der Zusammenhang zwischen Theologie und Wissenschaft vor allem im theoretischen Zugang zur Wirklichkeit gesehen werden kann, zeigen die Methoden zur Erschließung biblischer Texte, wie die wissenschaftlichen Methoden in der Theologie praktisch eingesetzt werden, um Erkenntnisse über die Entstehungs- und Überlieferungsgeschichte der Texte sowie über deren theologische Aussageabsichten zu erhalten.

Da die Bibel ein geschichtliches Dokument ist, das aus bestimmten gesellschaftlichen Zusammenhängen und Lebensgeschichten heraus bis in unsere Zeit überliefert wurde, wird sie mit den Methoden der Geschichtsforschung, der so genannten **historisch-kritischen Methode,** ausgelegt. Ein biblischer Text wird dazu mehreren kritischen Bearbeitungsschritten unterzogen.

7.2.1 Die Textkritik

Alt- und neutestamentliche Texte sind uns oftmals in verschiedenen Handschriften überliefert, die inhaltlich übereinstimmen, aber in ihrer Wortgestalt voneinander abweichen. Die Textkritik macht es sich zur Aufgabe, den ältesten Textbestand aus den unterschiedlichen Lesarten zu rekonstruieren, d. h. aus den verschiedenen hebräisch oder griechisch verfassten Handschriften diejenige Fassung zu gewinnen, die qualitativ – nach Alter und Güte der Handschriften – und quantitativ – nach Umfang des Textes – die ursprüngliche Lesart darstellt. Denn bei der Textüberlieferung, die durch beständiges Abschreiben einer älteren Handschrift erfolgte, schlichen sich durch unbeabsichtigte Lese-, Schreib- oder Hörfehler Textveränderungen ein, z. B. durch Verwechslung ähnlicher Buchstaben, durch Auslassung mehrerer Wörter oder durch fehlerhafte Wortverbindungen oder -trennungen.

Ausgeschieden werden durch die Textkritik auch diejenigen Textstücke, bei denen eine absichtliche oder unbeabsichtigte Änderung nach den Vorstellungen und dem Verständnis der Schreiber oder Rezensenten ersichtlich ist. Als Regel gilt, dass die kürzere Textvariante als ursprünglich angenommen wird, wenn zu vermuten ist, dass der Schreiber erklärende Textpassagen hinzugefügt hat.

Alte hebräische Handschrift

7.2.2 Die Literarkritik

Mit den biblischen Büchern halten wir Texte in der Hand, die als Endfassungen literarischer Verarbeitungen anzusehen sind. Somit reicht ihre Tradition von der mündlichen Überlieferung bis zur abschließenden Gestalt des in der Bibel zu findenden Textes. Die Aufgabe der Literar- bzw. Quellenkritik besteht darin, **Beginn und Ende** sowie die **Einheitlichkeit** eines Textes oder einer Quelle zu ermitteln, indem sekundär hinzugefügte Passagen ausgeschieden werden, um die ursprüngliche literarische Form von einer späteren redaktionellen Überarbeitung zu trennen.

Der Anfang einer Texteinheit ist dadurch ausgezeichnet, dass er – ohne Vergangenes vorauszusetzen – in eine neue Situation einführt. Das Ende der Texteinheit ist erreicht, wenn der begonnene Gedankengang zu Ende geführt wurde und im Folgenden eine neue Einleitung beginnt.

Dass ein Text überarbeitet wurde, kann man annehmen, wenn er inhaltliche Unstimmigkeiten, Satzbau- und Handlungsbrüche oder störende Wiederholungen aufweist.

Ein **Beispiel** für einen überarbeiteten, uneinheitlichen Text bietet die Erzählung von Noah und der Arche Gen 6,9–8,22. Darin finden sich sowohl Wiederholungen (Gen 6,18/7,1; 6,22/7,5) als auch Widersprüche (Gen 6, 19/7,2 f.; 7,17/7,24).

Die Zwei-Quellen-Theorie

Zur literarkritischen Arbeit gehört auch die Deutung des Verhältnisses zwischen den Evangelien des Matthäus, Markus, Lukas und Johannes. Dabei kommt den ersten drei besondere Aufmerksamkeit zu, da die inhaltlichen Parallelen ihrer Bücher offensichtlich sind. Man bezeichnet sie als **synoptische Evangelien** oder **Synoptiker*,** weil man sie zusammenschauend und vergleichend (griech. synopsis: Zusammenschau) lesen kann.

Die Auffälligkeiten in den Parallelstellen, aber auch in den Abweichungen, beziehen sich inhaltlich auf

- das Wirken Jesu in Galiläa,
- den Weg Jesu nach Jerusalem und sein dortiges Wirken und
- seine Passion (Leidenszeit) und Auferstehung.

Dass sich in den Texten wörtliche Übereinstimmungen, aber auch auffällige Unterschiede finden, führt die Bibelforschung auf die so genannte **Zwei-Quellen-Theorie** zurück: Der Evangelist **Markus** schrieb sein Evangelium um ca. 70 und griff dabei auf mündlich überlieferte Wundergeschichten, Streitgespräche, Gleichnisse und den Passionsbericht zurück. Die Evangelisten **Matthäus** und **Lukas** verfassten ihre Evangelien um ca. 80 und verwendeten sowohl das Markus-Evangelium als Vorlage als auch eine zweite gemeinsame Quelle, das so genannte **Spruchgut,** das sie einer Spruch- oder Logienquelle (Q) entnahmen (griech. logos: Wort). Als selbstständige Tradition ist die Spruchquelle heute zwar nicht mehr vorhanden, ihr Inhalt lässt sich jedoch erschließen.

Zusätzlich zu dieser Quelle verwendeten Matthäus und Lukas noch jeweils **Sondergut** (S), d. h. eigenständige Inhalte, die in den anderen Evangelien nicht zu finden sind. Zu diesem Sondergut zählen z. B. die Ostergeschichten, Gleichnisse und Wundererzählungen.

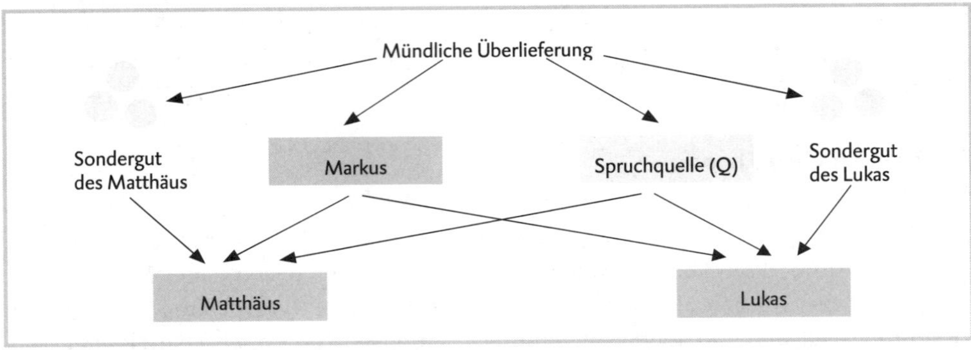

Literarische Abhängigkeit der synoptischen Evangelien: Zwei-Quellen-Theorie

7.2.3 Die Formkritik

Die Formkritik untersucht, ob in einen Text charakteristische Formeln, d. h. geprägte **Wortverbindungen** Eingang gefunden haben, die erkennen lassen, in welchen soziokulturellen Hintergrund die Texteinheit gehört, d. h. welchen **„Sitz im Leben"** sie hat. Weist der Text beispielsweise mehrere aus anderen Texten bekannte Schwurformeln oder kultische Wendungen auf, so kann daraus geschlossen werden, dass ein kultischer Text vorliegt, der bei Festen oder zu bestimmten Riten gesprochen wurde. Diese Einordnung lässt wiederum **Rückschlüsse auf den Adressaten** zu und darauf, welche Wirkung mit den angesprochenen Inhalten erzielt werden konnte bzw. sollte.

7.2.4 Die Überlieferungskritik

Bei der Überlieferungskritik geht es darum, die **Wandlungen** zu erfassen, denen ein Text während der Überlieferung von seiner Entstehung bis zu seiner schriftlichen Niederlegung unterworfen war. Dabei kann sich z. B. herausstellen, dass eine ursprüngliche Textsequenz **an mehreren Stellen** herangezogen und **mit verschiedenen Begründungen** versehen wurde.

So wird zum Beispiel die **Sabbatruhe** im Alten Testament an unterschiedlichen Stellen alternierend begründet: Dtn 5,15 weist sie als geschenkte Freiheit aus; Ex 20,11 hebt mit ihr Gottes gute Schöpfung hervor; Ex 23,12 gewährt mit der Sabbatruhe auch den Unfreien einen Erholungszeitraum; Jes 58,13 zeigt, dass dem rastlosen Tun die Muße als Gewinn für den Lebensablauf gegenübersteht; Hes 20,12 versteht die Sabbatruhe als Zeichen Jahwes, der seinem Volk Ruhe und Vertrauen aus dem Handeln Gottes schenkt.

7.2.5 Die Redaktionskritik

Die Redaktionskritik untersucht, mit welchen **Absichten** die Redakteure die ihnen vorliegenden Textteile ausgewählt und zu einer Letztgestalt – dem uns vorliegenden Text – verknüpft haben. Anhand der Evangelien kann man z. B. feststellen, dass durch die redaktionelle Tätigkeit der Evangelisten die Wirksamkeit Jesu in einen geografischen und chronologischen Rahmen eingepasst wurde. Um diesen Rahmen zu schaffen, stellten die Evangelisten **Verbindungen zwischen Texttraditionen** her, z. B. durch Verknüpfung von Zeit- und Ortsangaben, die ursprünglich nicht zusammenstanden. Dadurch erreichten sie eine theologische Komposition, die bei Markus, Matthäus und Lukas unterschiedliche Schwerpunkte setzt.

Beispiel Mt 3,13–17//Mk 1,9–11: Markus vertritt die Notwendigkeit der Taufe auch für den Menschen Jesus, der der Vergebung der Sünden bedarf. Matthäus sieht diese Notwendigkeit für den Gottessohn und Messias nicht.

7.3 Merkmale theologischer Aussagen

Theologische Aussagen sind auf **Lebenssituationen** bezogen, die den Menschen Antworten auf die Frage nach dem Sinn der Wirklichkeit geben. Immer stehen dabei Wirklichkeitserfahrungen der Menschen zur Diskussion, auf die in den Bibeltexten, die eine Beziehung zwischen Gott und den Menschen beschreiben, eine **Antwort des Glaubens** erzählt wird. Die Theologie hat hier die **hermeneutische* Aufgabe,** das uns fremde Welt- und Selbstverständnis früherer Generationen in die Denk- und Lebenszusammenhänge gegenwärtiger Menschen zu bringen.

Glaube ist dann als existenzielle Bewegung im Bekenntnis zu Jesus Christus zu verstehen. Er ist ein Akt der Hoffnung auf das Reich Gottes im Vertrauen auf sein Heil und seine Liebe. Der Glaube vertraut darauf, dass die Welt nicht ohne Sinn ist, weil sie in Gott geborgen ist. In der Botschaft Jesu haben wir Anteil an der befreienden Gegenwart Gottes, indem wir unsere eigene Nichtigkeit und Endlichkeit als *„certitudo“* (Gewissheit), aber nicht als *„securitas“* (Sicherheit) erfahren. In der vertrauenden Hoffnung auf die christliche Botschaft lässt sich das Wissen um die Endlichkeit überwinden.

Zu den **Glaubenszeugnissen,** die in biblischen Texten formuliert sind, gehören z. B.

- die Erfahrung von Umkehr und Nachfolge: Abrahams Berufung (Gen 12, 1–7), die Berufung der Jünger (Mk 1,14–26),
- die Ermöglichung von Hoffnung und Vertrauen: Gottes Bund mit Abraham (Gen 15,1–6), die Heilung des Knechtes des Hauptmanns von Kapernaum (Mt 8,5–13),

- die Erfahrung von Befreiung und Aufbruch: Auszug aus Ägypten (Ex 20,1), Heil aufgrund des Glaubens (Röm 3,21–28),
- das Bekenntnis zum Schöpfer: Lobpreis der Macht und Weisheit des Schönen (Ps 104), Hoffnung und Zuversicht der Christen (Röm 8,18–25).

Zusammenfassung: Theologische Erkenntnis

Theologische Erkenntnis geschieht durch die Interpretation von Überlieferungen, die ein neues Selbst- und Weltverständnis erschließen. Im Glauben an die Sinnhaftigkeit der Welt und an Gott als deren Ursprung entwirft die Theologie **Lebens- und Handlungsorientierungen,** die lebensfördernd wirken wollen. Die Welt ist endlich, aber zugleich veränderbar auf eine Zukunft hin, der sich der christliche Glaube in Verantwortung z. B. bei Fragen der Ökologie oder der Friedenswahrung zu stellen hat.

Theologische Aussagen können keine Auskunft über etwas geben, das geplant und experimentell herbeigeführt werden kann. Auch Inhalte, die mit den Mitteln der Vernunft oder objektiv erkannt und formuliert werden, stehen nicht unter ihrer Verfügung. Aber theologische Aussagen geben Auskunft über die Wahrheit der biblisch-christlichen Tradition. Sie **erfassen das Leben der Menschen** in ihren beruflichen, sozialen und natürlichen Bereichen. Ihr Anliegen sind die Fragen, die dem Leben **Sinn, Trost, Hilfe, Mut, Zuversicht und Erfüllung** geben. Derjenige, der die Erkenntnisse der Theologie als persönliche Heilserfahrung annimmt, antwortet diesem Anruf Gottes als **Glaubender.**

7.4 Hermeneutik und der hermeneutische Zirkel

7.4.1 Hermeneutik

Nach Wilhelm Dilthey (1833–1911) wird unter Hermeneutik die „Kunstlehre des Verstehens von schriftlich fixierten Lebensäußerungen" gefasst. Einfacher gesagt geht es um das **Verstehen,** die **Interpretation** und die **Geschichte** von Menschen und Ereignissen **in Texten.**

Die Interpretation literarischer Texte erfolgt, indem ihr Aufbau, ihr Stil, die Grammatik und der Sprachgebrauch, wie er in der jeweiligen Zeit vorherrschte, untersucht werden. Durch diese Analysen wird die geschichtliche Bedingtheit des Textes offen gelegt. Als Kunst des wissenschaftlichen Verstehens von schriftlichen Äußerungen untersucht die Hermeneutik mit den genannten Mitteln die **äußere Form** von Texten.

Richtet sich das Interesse jedoch eher auf die psychologische Seite des Verstehens, auf die Lebensmomente eines bestimmten Menschen und damit auf die „Nacherzeugung“ von subjektivem, fremdem Leben, dann handelt es sich um ein hermeneutisches Vorgehen, das die **Texte als „Lebensäußerungen“** und **„Daseinsverständnis“** einer jeweiligen Epoche auffasst.

Die Voraussetzungen des Verstehens

Die Interpretation solcher Daseinsäußerungen ist immer an einer bestimmten **Fragestellung** orientiert: Woraufhin, auf welches Ziel hin, soll der Text untersucht werden? Ebenso ist jede Interpretation von einem **Vorverständnis** geleitet, nämlich dem geschichtlich-persönlichen Leben des Betrachters, das zur objektiven Erkenntnis werden soll. Die Fragen an den Text und dessen Interpretation sind an die **Interessen** gebunden, die das Leben des Interpreten bestimmen. Somit ist eine weitere Voraussetzung des Verstehens das **Lebensverhältnis** des Interpreten zur Sache des Textes.

Verstehen heißt somit, auf die Fragen zu hören, die dem Werk immanent sind, und deren Anspruch zu begegnen. Der Anspruch eines Textes erschließt sich für denjenigen am besten, der mit seinen eigenen Existenzfragen und seiner Erfahrungsbereitschaft an den Text herangeht.

7.4.2 Der hermeneutische Zirkel

Die Aufgabe der Theologie in der Gegenwart ist es, die Botschaft der Bibel und der Wirklichkeit Gottes für gegenwärtig lebende Menschen verständlich zu machen. Darum bedient sich die Theologie der Methoden der Hermeneutik, der Lehre vom Verstehen. Es geht also darum, den Glauben, wie er sich in den Texten der Bibel ausdrückt, in den Verstehenshorizont gegenwärtiger Hörer zu rücken. Hermeneutik meint daher die **Verknüpfung von Text- und Sachverständnis** unter **Bezug auf den Menschen und dessen Geschichte.**

Dieses hermeneutische Interpretationsverfahren lässt sich grafisch als Zirkel darstellen, wobei das Vorverständnis des Lesers oder Hörers, mit dem er sich dem Text zuwendet, das Vorstadium des Verstehens darstellt. Bei der ersten intensiveren Beschäftigung mit dem Text trifft das Verstehen des Lesers auf den Bedeutungshorizont des Textes. In dieser Begegnung zwischen seinem Vorverständnis und dem Gehalt des Textes bildet sich eine Erfahrung heraus, die sein Vorverständnis hinterfragt und zu neuen, erweiterten Erkenntnissen führt. Wenn der Hörer oder Leser die Textbetrachtung

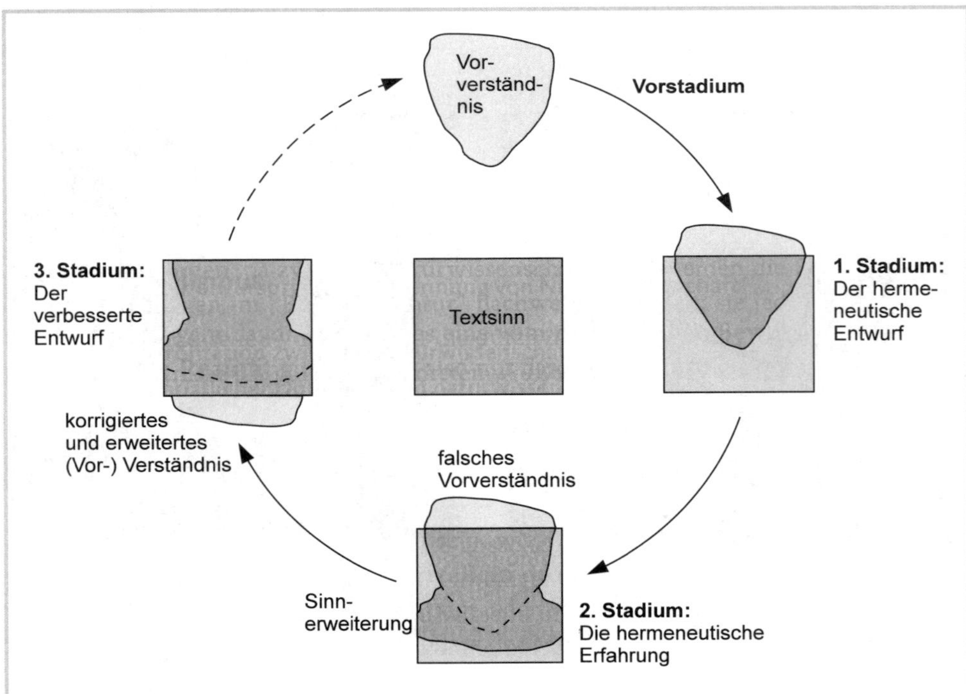

Der hermeneutische Zirkel

abschließt, sollte er zu einem verbesserten Verständnis der Sache, die zwischen ihm und dem Text anlag, gekommen sein. Von diesem Erkenntnisstand ausgehend, kann er sich in einen erneuten hermeneutischen Prozess begeben, um sein Verstehen zu vertiefen.

Die Interpretation der biblischen Schriften

Auch bei der Interpretation biblischer Schriften kommen die **hermeneutischen Regeln** der formalen Analyse, der zeitgeschichtlichen Analyse und der Verbundenheit von Text und Interpret hinsichtlich des Vorverständnisses und des Ziels zur Anwendung. Insbesondere das **Interesse an der Auslegung der menschlichen Existenz** wird leitend sein. Welches Verständnis des menschlichen Lebens kommt im Text zum Ausdruck? Welcher Bezug zur Gegenwart lässt sich herstellen? Wie finde ich mich selbst in dem jeweiligen Text wieder? Welche Antworten auf meine Fragen erhalte ich? In diesen existenziellen Fragen, die aus dem menschlichen Dasein kommen, ist die **Frage nach Gott** eingebettet als Reflexion über „Glück" und „Heil", als das Bedürfnis, Antworten zu bekommen zur Orientierung für das eigene Leben und den Sinn von Welt und Geschichte. Deshalb müssen die biblischen Texte so zur Sprache gebracht werden, dass sie in die gegenwärtige Existenz hineinreden. Wird auf diese Weise das **Ziel der Interpretation** zur Frage nach Gott und seiner Offenbarung, so geht es hermeneutisch darum, die Wahrheit der menschlichen Existenz in Bezug zum Handeln Gottes zu erschließen. Die Interpretation biblischer Texte ermöglicht erst dann das Verstehen des menschlichen Daseins, wenn sich aus den **subjektiven Lebenserfahrungen** heraus Bezüge zum Handeln Gottes herstellen lassen.

7.4.3 Das Programm der Entmythologisierung

Die Entmythologisierung*, wie sie von dem Theologen RUDOLF BULTMANN (1884–1976) entworfen wurde, beschreibt ein **hermeneutisches Verfahren,** das mythologische Aussagen bzw. Texte auf ihren Wirklichkeitsgehalt hin befragt.

Unter **Wirklichkeit** wird dem allgemeinen Verständnis nach der objektiv-reale Sinn der existierenden Wirklichkeit der Welt verstanden, in der sich die Menschen bewegen und orientieren. Es ist die Realität, wie sie von der Naturwissenschaft und der Technik ausgebildet wird. Diese Realität ist entmythologisierend, denn sie schaltet die übernatürlichen Mächte, von denen ein Mythos erzählt, aus.

Der **Mythos*** spricht von einer Wirklichkeit, die jenseits der objektivierbaren, beobachtbaren und beherrschbaren Wirklichkeit liegt. Diese Wirklichkeit hat für den Menschen insofern Bedeutung, als sie von Heil oder Unheil, von Gnade oder Zorn, von Respekt und Gehorsam redet. Der Mythos spricht von der Wirklichkeit des Menschen als von der Wirklichkeit seiner Existenz, von den Rätseln und Geheimnissen des menschlichen Schicksals. Die **Entmythologisierung*** will diese Absicht des Mythos, die eigentliche Wirklichkeit des Menschen zur Sprache zu bringen, existenzial interpretieren.

In der **theologischen Reflexion** über den Mythos soll deshalb sein Sinngehalt herausgearbeitet werden, und zwar als Beziehung der menschlichen Existenz zum Handeln der transzendenten Macht, zu **Gott.** Für den Glaubenden ist Gott als Schöpfer und Herrscher in Natur und Geschichte gegenwärtig. Aus seinem existenziellen Selbstverständnis heraus kann der gläubige Mensch die Zusammenhänge des natürlichen und historischen Geschehens bejahen, ohne deshalb das Handeln Gottes aus diesem historischen Ereignis zu verbannen. Das **Handeln Gottes** offenbart sich in Jesus Christus als einem Ereignis in der Geschichte, mit dem sich zugleich das Ende, die Erfüllung der Geschichte, ankündigt. So wird das historische Ereignis zugleich zum eschatologischen Ereignis, das seine Anrede an die Existenz des Menschen in der Verkündigung durch die **Kirche** zum Ereignis in unserer Gegenwart macht.

Christus, Byzantinisches Fresko, 13. Jahrhundert

Entmythologisierung am Beispiel neutestamentlicher Texte

Jesus predigte von der Herrschaft Gottes, die über die geschichtliche Ordnung hinausweist und als Zustand ewiger Seligkeit eschatologischen Charakter hat. Nach seiner Lehre stand dieses Reich, auf das er mit seinen Zeichen und Wundern hinwies, nahe bevor. Das Weltverständnis, mit dem Jesus von dieser Zeit spricht, ist mythologisch. Die Einteilung der Welt in drei Stockwerke von Himmel, Erde und Hölle, die Erzählungen von Wundern und übernatürlichen Kräften, die Versuchung des Menschen durch den Teufel und böse Geister, sind mythologische Vorstellungen.

Kann die Predigt Jesu für den modernen Menschen noch eine Bedeutung haben, wenn sie vor einem Hintergrund geschieht, der dem modernen wissenschaftlichen Weltbild widerspricht?

Jesus selbst wurde von der Urchristenheit als **mythologische Gestalt** verstanden, wenn sie ihn als Menschensohn, Weltenrichter, empfangen vom Heiligen Geist und von einer Jungfrau geboren titulierte. Wenn er in den Erzählungen der Juden und Heiden als Gottessohn und präexistentes Wesen dargestellt wird, der in die Welt kommt, um die Menschen zu erlösen, dann sind auch diese Vorstellungen mythologisch-gnostisch* geprägt.

Weitere Beispiele mythologischer Vorstellungen finden sich in einigen gängigen **Bildern der Bibel:** „Gott wohnt im Himmel“ will ausdrücken, dass Gott außerhalb der Welt, also transzendent, ist. Die „Hölle“ meint die Macht des Bösen, von der der Mensch heimgesucht wird. Ihr „Ort“ ist unter der Erde, im Dunkel, das der Mensch als furchterregend empfindet. Der „Satan“ und die „bösen Geister“ sind metaphorische Bilder für das Böse und die Übel, die von Menschen hervorgerufen werden können. Der Mythos verweist also auf die **tiefere Bedeutung der menschlichen Existenz in Natur und Geschichte.**

Soll die Botschaft der Bibel und der Kirche aus ihrer Gebundenheit an eine vergangene Weltanschauung gelöst und in die Moderne übertragen werden, um sie als persönlichen An-Spruch für Menschen verstehen zu können, deren Denken von den Ergebnissen der Natur- und Geschichtswissenschaften geformt ist, so ist die **Entmythologisierung*** unumgänglich. Die Menschen, die sich rein am naturwissenschaftlichen Weltbild orientieren, meinen, die Sicherheit für ihr Leben aus sich selbst und einem reinen rationalen Denken gewinnen zu können. Das **Wort Gottes** will von dieser Selbstsucht und vermeintlichen Sicherheit wegführen in die Freiheit von Sorge und Angst. Der **Glaube** zielt auf den Verlust einer solchen Sicherheit; er stellt sich gegen eine Welt, die diese Sicherheit als Freiheit versteht, und will in eine Freiheit führen, mit der das Gesetz des Geistes, das Gesetz Gottes, verwirklicht wird. Dieses Gesetz ist nicht durch eine rationale Analyse zu verstehen, sondern nur als Geheimnis der menschlichen Existenz in der Begegnung mit der Gnade Gottes zu akzeptieren. Die Frage nach Gott ist also auch immer die Frage nach der Existenz des Menschen.

Zusammenfassung: Hermeneutik

Hermeneutik ist eine geisteswissenschaftliche Methode, nach deren Regeln sich literarische Texte erschließen und verstehen lassen. Sie ist ein Verfahren, das hauptsächlich in der Sprach- und Literaturwissenschaft angewendet wird.

Unter **Entmythologisierung** ist die Erschließung vor allem von biblischen Texten des Neuen Testaments zu verstehen. Hierbei ist es das Ziel der Entmythologisierung, die mythischen Weltbilder und die mythische Sprache der biblischen Texte dem modernen, vom naturwissenschaftlichen Denken geprägten Menschen verständlich zu machen. So sollen beispielsweise biblische Themen wie Auferstehung, Wunder oder Reich Gottes von ihrem mythischen Gehalt befreit werden, indem ihre Einbettung in die historischen, sozialen oder spirituellen Hintergründe einen rationalen Zugang zu ihnen ermöglicht und so für die Existenzdeutung gegenwärtiger Menschen nachvollziehbar wird.

8 Wirklichkeitsdeutungen durch Religion und Naturwissenschaft: mythische Elemente und literarische Beispiele

Mythen, wie wir sie zum Beispiel in den Erzählungen zur Urgeschichte (Gen 1–11) finden, galten besonders seit der Aufklärung und im Zuge der neuzeitlichen Naturwissenschaft als unvernünftige Rede und vorwissenschaftliche Welt- und Wirklichkeitsdeutung. Aus beiden Blickwinkeln heraus wurde den Mythen infolgedessen der Anspruch, Wahrheitsaussagen über die menschliche Existenz zu machen, versagt. Mythos und Wissenschaft standen in unüberbrückbarem Gegensatz zueinander, denn seit der Aufklärung nahm die Wissenschaft die Rationalität allein für sich in Anspruch.

Dass der Mythos weder unvernünftig noch unwirklich ist, sondern mit seiner eigenen Wirklichkeit dem wissenschaftlichen Denken vorausgeht, soll dieses Kapitel zeigen. Erst aus der Verbindung von mythischer und wissenschaftlicher Weltdeutung kann sich ein weiterer Baustein zur Begründung des dialogischen Verhältnisses von Wissenschaft und Religion ergeben.

8.1 Der Mythos

Zu den **Hauptmerkmalen** der Mythen gehört, dass sie von Göttern, Geistern und Dämonen berichten und dabei besonders auf deren Entstehung und Entwicklung eingehen. Auch die Entstehung der Welt und das Wirken göttlicher Kräfte und Mächte in ihr gehören zum Thema der Mythen. Die Mythen sind aus Zeiten überliefert, über die die Geschichtswissenschaft keine präzisen Aussagen machen kann. Innerhalb der Kultur, in der sie entstanden, erhielten die Mythen ihre Bedeutung als Vermittler religiöser Wahrheit und konnten so zur Ursache und zum Inhalt kultischer Praxis werden.

Dem Mythos liegen keine historischen Ereignisse zugrunde, vielmehr transzendiert er die reale Geschichtszeit, indem Ursprung und Ziel des Menschen und der gesamten Wirklichkeit als zugleich vergangen, gegenwärtig und zukünftig begriffen werden. Im Mittelpunkt allen Geschehens stehen die Götter; die Wirklichkeit wird als das Göttliche erfahren. Aus dieser Quelle leitet der Mythos seinen Anspruch auf Wahrheit ab, der für die Lebenseinstellung und das Handeln des Menschen absolut verbindlich ist. Der Forderungscharakter des Mythos wird im kultischen Geschehen, das die Gegenwart des Göttlichen symbolisiert, zum Ausdruck gebracht.

Blendung des Polyphem durch Odysseus und seine Gehilfen, frühattische Amphora, Museum Eleusis

8.1.1 Mythentypen

- **Göttermythen** berichten von der Entstehung und den Geschicken der Götter;
- **Schöpfungsmythen** erzählen von der Entstehung der Welt und des Menschen;
- **welterklärende Mythen** berichten von der Entwicklung der Welt und ihrer Bestandteile sowie deren Eigenschaften und Besonderheiten (Vegetations- und Astralmythen);
- **Heilbringermythen** künden vom vergangenen kulturschaffenden und erlösungsbringenden Wirken von Göttern oder göttlichen Persönlichkeiten auf Erden;
- **eschatologische Mythen** haben die Endlichkeit des Weltablaufs, das Ende der Zeit, Tod, Auferstehung, Erlösung und Heil zum Inhalt;
- **ätiologische Mythen** deuten die Besonderheiten der Schöpfung.

8.1.2 Mythosdeutungen

Der Mythos wird unter anderem **literarisch** gedeutet als Allegorie* und Poesie, **gesellschaftlich** als soziologisches Ritual, **seelisch** als psychologisches und psychoanalytisches Urbild der Religion, **philosophisch** als Ausdruck transzendentaler Bedingungen und strukturalistischer Betrachtungen der Wirklichkeit und **religiös** als Darstellungsform des Numinosen*.

8.1.3 Mythos, Wirklichkeit und Wissenschaft

Da der Mythos einer vorgeschichtlichen Zeit angehört und der Wirklichkeitserfahrung der Moderne nicht gerecht wird, verbannt man ihn ungerechtfertigt in den Bereich der begrifflich nicht fassbaren Wirklichkeit, der Phantasie. Er kennt die Kategorien der Rationalität*, Kausalität*, Objektivität, Klarheit und Exaktheit nicht. Dennoch lässt sich nach den mythischen Vorstellungen von Kausalität, Erfahrung, Rationalität, Raum und Zeit fragen.

- **Mythische Kausalität** meint z. B. die Verursachung von Sturm oder Wind oder die Bewegung der Wolken, der Sterne und des Meeres durch göttliche Wirksamkeit;
- **mythische Erfahrung** meint die Erfahrung der Welt durch die Namen, Fertigkeiten und Taten der Götter, die die Welt ordnen;
- **mythische Zeit** bezeichnet ein heiliges Ereignis oder das Leben eines Gottes nach dessen Herkunft, Geburt und Taten; sie beinhaltet das Entstehen der Welt aus dem Chaos, das Hervorbringen der Erde und des Kosmos und die Beschreibung vom Lauf der Sonne;

- **der mythische Raum** ist ein heiliger Ort, an dem eine Gottheit gegenwärtig ist, meist ein Tempelbezirk;
- **mythische Rationalität** ordnet sich einem numinosen Wesen, einer Gottheit, zu, die durch ihre Einwirkung den Zugang zur mythischen Wirklichkeit eröffnet.

Eine von der Ratio geleitete **wissenschaftliche Weltdeutung** muss ihren Absolutheitsanspruch überdenken, weil auch wissenschaftliche Ergebnisse vorrationale Anteile enthalten. Ihre Gesetze gehen von theoretischen Annahmen, den Axiomen, aus, die nicht weiter begründet werden. Somit ist in naturwissenschaftlichen Gesetzen immer auch ein nichtempirischer Teil ausgedrückt. Dadurch ist die von der Wissenschaft erfasste Wirklichkeit eine Wirklichkeitsauffassung, die einer bestimmten Deutung unterliegt. Die Ergebnisse und Antworten der wissenschaftlichen Forschung sind daher in einen geschichtlichen Zusammenhang eingefügt, der den Ausdruck des Wirklichkeitsverständnisses einer geschichtlichen Epoche wiedergibt. Wenn also von der Überlegenheit der Wissenschaft über den Mythos gesprochen werden kann, dann nur als faktisch-historische Überlegenheit, nicht aber hinsichtlich seiner Rationalität oder subjektiven Wahrheit.

Zusammenfassung: Mythen

Mythen geben **Antworten auf Existenzfragen,** die – wissenschaftlich gesehen – ohne Verursachung (nonkausal) zur Sprache kommen.

- Der **Schöpfungsmythos** des Alten Testaments z. B. erklärt die Entstehung der Welt als einen Liebesakt Gottes;
- die **Sintfluterzählung** als Symbol für das Böse weist auf die Vergehen der Menschen hin, die in der Folge ihrer Verfehlung zwischen der Vernichtung ihres Lebens und seiner Errettung leben;
- der **Turmbau zu Babel** hat die Überheblichkeit und den Größenwahn der Menschen zum Thema.

Auf diese Weise schreibt der Mythos in einem vorwissenschaftlichen Zusammenhang die Vorgänge um das Leben den Göttern zu. Daher wurde der Mythos in der Neuzeit, vor allem im Rahmen der Aufklärung, abgelehnt. Er entsprach nicht mehr der Ratio des menschlichen Handelns und Wahrnehmens.

Die Wirklichkeit des Mythos ist jedoch die **Transzendenzerfahrung,** die ihn in eine höhere Beziehung zu Mensch und Welt stellt. Ihn als Märchen oder negatives Gegenüber der Vernunft abzutun, ist unangemessen, denn der Mythos redet von der Wirklichkeit, wie sie für die Weltwahrnehmung in der Frühzeit der Menschen angemessen war. Gegen die Gefährdungen des Menschseins stellt er die Rede von der Verankerung des Menschen in den Anfang und den Grund der Welt.

8.2 Literarische Beispiele für das Verhältnis zwischen Naturwissenschaft und ethischer Verantwortung

8.2.1 Bertolt Brecht: Leben des Galilei

Mit dem Drama „Leben des Galilei“, das Bertolt Brecht in seiner letzten Fassung 1956 vorlegte, zeigt er die Konflikte eines Wissenschaftlers mit der doktrinären Macht der Kirche in einer Zeit wissenschaftlicher und sozialer Umbrüche. Mit der Erschütterung durch das kopernikanische Weltbild geht der Schock der Menschen einher, die ihr Leben in Abhängigkeit und Knechtschaft zubringen. Das soziale Versagen der Geschichte, in deren Verlauf es aus Brechts Sicht nicht möglich war, diese Erschütterungen zum Vorteil der Menschen zu nutzen, um sie aus ihren unmenschlichen Zuständen zu befreien, und das Versagen Galileis vor der Inquisition, machen sein Drama zu einem Lehrstück über die Notwendigkeit, das Theater als erzählendes und demonstrierendes Theater zu gestalten, auf dessen Bühne zu moralischer und sozial-sittlicher Entscheidung aufgerufen wird und das sich somit aufklärerisch an der Veränderung gesellschaftlicher Missstände beteiligt. Die Person Galileis wird Brecht zum Anlass, den Konflikt zwischen Freiheit und Abhängigkeit, Wissen und Glaube am Schicksal eines Naturwissenschaftlers darzustellen und die Zuschauer zu geistig-moralischen Entscheidungen zu führen.

Bertolt Brecht: Leben des Galilei, Szene 7

Barberini: … Sind Sie sicher, Freund Galilei, daß ihr Astronomen euch nicht nur einfach eure Astronomie bequemer machen wollt? *Er führt ihn wieder nach vorn.* Ihr denkt in Kreisen oder Ellipsen und in gleichmäßigen Schnelligkeiten, einfachen Bewegungen, die euren Gehirnen gemäß sind. Wie, wenn es Gott gefallen hätte, seine Gestirne so laufen zu lassen? *Er zeichnet mit dem Finger in der Luft eine äußerst verwickelte Bahn mit unregelmäßiger Geschwindigkeit.* Was würde dann aus euren Berechnungen?

Galilei: Eminenz, hätte Gott die Welt so konstruiert – *er wiederholt Barberinis Bahn* –, dann hätte er auch unsere Gehirne so konstruiert – *er wiederholt dieselbe Bahn* –, so daß sie eben diese Bahnen als die einfachsten erkennen würden. Ich glaube an die Vernunft.

Barberini: Ich halte die Vernunft für unzulänglich. Er schweigt. Er ist zu höflich, jetzt zu sagen, er hält meine für unzulänglich. *Lacht und geht zur Brüstung zurück.*

Bellarmin: Die Vernunft, mein Freund, reicht nicht sehr weit. Ringsum sehen wir nichts als Schiefheit, Verbrechen und Schwäche. Wo ist die Wahrheit?

Galilei zornig: Ich glaube an die Vernunft.

Barberini zu den Sekretären: Ihr sollt nicht mitschreiben, das ist eine wissenschaftliche Unterhaltung unter Freunden.

Bellarmin: Bedenken Sie einen Augenblick, was es die Kirchenväter und so viele nach ihnen für Mühe und Nachdenken gekostet hat, in eine solche Welt (ist sie etwa nicht abscheulich?) etwas Sinn zu bringen. Bedenken Sie die Roheit derer, die ihre Bauern in der Campagna halbnackt über ihre Güter peitschen lassen, und die Dummheit dieser Armen, die ihnen dafür die Füße küssen.

Galilei: Schandbar! Auf meiner Fahrt hierher sah ich ...

Bellarmin: Wir haben die Verantwortung für den Sinn solcher Vorgänge (das Leben besteht daraus), die wir nicht begreifen können, einem höheren Wesen zugeschoben, davon gesprochen, daß mit derlei gewisse Absichten verfolgt werden, daß dies alles einem großen Plan zufolge geschieht. Nicht als ob dadurch absolute Beruhigung eingetreten wäre, aber jetzt beschuldigen Sie dieses höchste Wesen, es sei sich im unklaren darüber, wie die Welt der Gestirne sich bewegt, worüber Sie sich im klaren sind. Ist das weise?

Galilei zu einer Erklärung ausholend: Ich bin ein gläubiger Sohn der Kirche ...

Barberini: Es ist entsetzlich mit ihm. Er will in aller Unschuld Gott die dicksten Schnitzer in der Astronomie nachweisen! Wie, Gott hat nicht sorgfältig genug Astronomie studiert, bevor er die Heilige Schrift verfaßte? Lieber Freund!

Bellarmin: Ist es nicht auch für Sie wahrscheinlich, daß der Schöpfer über das von ihm Geschaffene besser Bescheid weiß als sein Geschöpf?

Galilei: Aber, meine Herren, schließlich kann der Mensch nicht nur die Bewegungen der Gestirne falsch auffassen, sondern auch die Bibel!

Bellarmin: Aber wie die Bibel aufzufassen ist, darüber haben schließlich die Theologen der Heiligen Kirche zu befinden, nicht?

Galilei schweigt

Belarmin: Sehen Sie: jetzt schweigen Sie. *Er macht den Sekretären ein Zeichen.* Herr Galilei, das Heilige Offizium hat heute nacht beschlossen, dass die Lehre des Kopernikus, danach der die Sonne Zentrum der Welt und unbeweglich, die Erde aber nicht Zentrum der Welt und beweglich ist, töricht, absurd und ketzerisch im Glauben ist. Ich habe den Auftrag, Sie zu ermahnen, diese Meinung aufzugeben. *Zum ersten Sekretär:* Wiederholen Sie das.

Szene 13

Stimme des Ansagers: „Ich, Galileo Galilei, Lehrer der Mathematik und der Physik in Florenz, schwöre ab, was ich gelehrt habe, daß die Sonne das Zentrum der Welt ist und an ihrem Ort unbeweglich, und die Erde ist nicht Zentrum und nicht unbeweglich. Ich schwöre ab, verwünsche und verfluche mit redlichem Herzen und nicht erheucheltem Glauben alle diese Irrtümer und Ketzereien sowie überhaupt jeden anderen Irrtum und jede andere Meinung, welche der Heiligen Kirche entgegen ist."

Aus: Bertolt Brecht: Leben des Galilei, Gesammelte Werke Bd. III, Suhrkamp Verlag: Frankfurt 1967, S. 1286–1288, 1328 [aus rechtlichen Gründen in alter Rechtschreibung].

8.2.2 Friedrich Dürrenmatt: Die Physiker

Friedrich Dürrenmatt schrieb „Die Physiker“ 1962. Er bezeichnete dieses Werk als tragische Komödie, weil es Aspekte von Kriminalistik und Apokalypse enthält, die grotesk sind, zugleich aber ein wissenschaftliches Inferno aufzeigen.

Inhalt: Drei Physiker sind in einem Irrenhaus. Einer von ihnen, Möbius, ist im Besitz einer atomaren Formel, die, wenn sie verwirklicht wird, zur Vernichtung der Welt führen kann. Um die Menschheit vor diesem Schlag zu bewahren, hat Möbius sich in die selbst gewählte Isolation des Irrenhauses zurückgezogen. Die beiden anderen Physiker, Herbert Georg Beutler, genannt Newton, und Ernst Heinrich Ernesti, genannt Einstein, die im Auftrag eines Geheimdienstes arbeiten, sollen ihm die Formel entwenden.

Szenenbild aus „Die Physiker“

Es misslingt ihnen jedoch und auch sie bleiben als scheinbare Irre in der Anstalt. Drei Krankenschwestern der Klinik verlieben sich in die Physiker, werden jedoch von diesen getötet, da sie ahnen, worum es wirklich geht. Nur durch ihren Tod kann verhindert werden, dass die Wahrheit nach außen dringt und die Menschheit sich umbringt. Doch das Opfer, das die Physiker durch ihre eigene Einweisung in die Anstalt bringen, und der Tod der Krankenschwestern verhindert nicht, dass die eigentliche Irre, die menschenfeindliche Anstaltsleiterin, sich der Formel bemächtigt und die Absicht hegt, sie auch auszuwerten. Die Opfer für die Vernunft waren umsonst; das Schicksal der Menschheit liegt nun in den Händen einer wirklich Irren.

Friedrich Dürrenmatt: Die Physiker, Zweiter Akt

Möbius: Es gibt Risiken, die man nie eingehen darf: Der Untergang der Menschheit ist ein solches. Was die Welt mit den Waffen anrichten würde, die ich ermögliche, können wir uns denken. Dieser Einsicht habe ich mein Handeln untergeordnet. Ich war arm. Ich besaß eine Frau und drei Kinder. Auf der Universität winkte Ruhm, in der Industrie Geld. Beide Wege waren zu gefährlich. Ich hätte meine Arbeiten veröffentlichen müssen, der Umsturz unserer Wissenschaft und das Zusammenbrechen des wirtschaftlichen Gefüges wären die Folgen gewesen. Die Verantwortung zwang mir einen anderen Weg auf. Ich ließ meine akademische Karriere fahren und überließ meine Familie ihrem Schicksal. Ich wählte die Narrenkappe. Ich gab vor, der König Salomo erscheine mir, und schon sperrte man mich in ein Irrenhaus.

Newton: Das war doch keine Lösung!

Möbius: Die Vernunft forderte diesen Schritt. Wir sind in unserer Wissenschaft an die Grenzen des Erkennbaren gestoßen. Wir wissen einige genau erfaßbare Gesetze, einige Grundbeziehungen zwischen unbegreiflichen Erscheinungen, das ist alles, der gewaltige Rest bleibt Geheimnis, dem Verstande unzugänglich. Wir haben das Ende unseres Weges erreicht. Aber die Menschheit ist noch nicht so weit. Wir haben uns vorgekämpft, nun folgt uns niemand nach, wir sind ins Leere gestoßen. Unsere Wissenschaft ist schrecklich geworden, unsere Forschung gefährlich, unsere Erkenntnis tödlich. Es gibt für uns Physiker nur noch die Kapitulation vor der Wirklichkeit. Sie ist uns nicht gewachsen. Sie geht an uns zugrunde. Wir müssen unser Wissen zurücknehmen, und ich habe es zurückgenommen. Es gibt keine andere Lösung, auch für euch nicht.

Aus: Friedrich Dürrenmatt: Die Physiker, Diogenes Verlag: Zürich 1985, S. 63 f. [aus rechtlichen Gründen in alter Rechtschreibung].

8.2.3 Heinar Kipphardt: In der Sache J. Robert Oppenheimer

Heinar Kipphardt (1922–1982) gehört zu den Autoren des Dokumentartheaters. In seinem Stück „In der Sache J. Robert Oppenheimer“ zeigt er anhand von dokumentarischem Material aus Verhören, wie der Physiker R. Oppenheimer, Leiter der amerikanischen Atomforschung und deswegen auch „Vater der Atombombe“ genannt, im Verdacht stand, Sympathien für den Kommunismus zu hegen. Gegenüber dem Untersuchungsausschuss der amerikanischen Atomenergiekommission musste er seine Loyalität als Wissenschaftler gegenüber den USA unter Beweis stellen.

„In der Sache J. Robert Oppenheimer“ ist ein Stück, das den Konflikt eines Naturwissenschaftlers zwischen den eigenen Werthaltungen und den Erwartungen der Gesellschaft sowie zwischen der Neutralität des wissenschaftlichen Forschens und den Anwendungsinteressen des Staates zeigt. Oppenheimer und seine Mitarbeiter stehen vor dem moralisch-ethischen Dilemma, den Geist der Wissenschaft verraten zu haben, als sie ihre Forschungsergebnisse dem Militär zur Verfügung stellten.

Titelbild des Programmhefts zur Welturaufführung

Heinar Kipphardt: In der Sache J. Robert Oppenheimer, Szene 9

Oppenheimer: Als ich mich vor mehr als einem Monat zum erstenmal auf dieses alte Sofa setzte, war ich willens, mich zu verteidigen, denn ich fand keine Schuld an mir, und ich sah mich als Opfer einer bestimmten politischen Konstellation, die ich beklagenswert fand.

Zu dem widerwärtigen Unternehmen gezwungen, mein Leben zu rekapitulieren, meine Motive zu handeln, meine Konflikte, und auch die Konflikte, die sich nicht eingestellt hatten, – begann sich meine Haltung zu wandeln. Ich bemühte mich, vollkommen offen zu sein, und das ist eine Technik, die man erlernen muß, wenn man viele Jahre seines Lebens zu anderen Menschen nicht offen war. Indem ich über mich, einen Physiker in unserer Zeit, nachdachte, begann ich mich zu fragen, ob nicht tatsächlich so etwas stattgefunden hat wie Gedankenverrat, eine Kategorie, die Mr. Robb hier einzuführen befahl. Wenn ich denke, daß es uns eine geläufige Tatsache geworden ist, daß auch die Grundlagenforschung in der Kernphysik heute die höchste Geheimnisstufe hat, daß unsere Laboratorien von den militärischen Instanzen bezahlt und wie Kriegsobjekte bewacht werden, wenn ich denke, was im gleichen Fall aus den Ideen des Kopernikus oder den Entdeckungen Newtons geworden wäre, dann frage ich mich, ob wir den Geist der Wissenschaft nicht wirklich verraten haben, als wir unsere Forschungsarbeiten den Militärs überließen, ohne an die Folgen zu denken.

So finden wir uns in einer Welt, in der die Menschen die Entdeckungen der Gelehrten mit Schrecken studieren, und neue Entdeckungen rufen neue Todesängste bei ihnen hervor. Dabei scheint die Hoffnung gering, daß die Menschen bald lernen könnten, auf diesem klein gewordenen Stern miteinander zu leben, und gering ist die Hoffnung, daß sich ihr Leben eines nicht fernen Tages in seinem materiellen Aspekt auf die neuen menschenfreundlichen Entdeckungen gründen werde.

Es scheint ein weidlich utopischer Gedanke, daß die überall gleich leicht und gleich billig herstellbare Kernenergie andere Gleichheiten nach sich ziehen werde, und daß die künstlichen Gehirne, die wir für die großen Vernichtungswaffen entwickelten, künftig unsere Fabriken in Gang halten könnten, der menschlichen Arbeit ihren schöpferischen Rang zurückgebend. Das würde unserem Leben die materiellen Freiheiten schenken, die eine der Voraussetzungen des Glückes sind, aber man muß sagen, daß diese Hoffnungen durch unsere Wirklichkeit nicht zu belegen sind. Doch sind sie die Alternative zu der Vernichtung dieser Erde, die wir fürchten, und die wir uns nicht vorstellen können. An diesem Kreuzweg empfinden wir Physiker, daß wir niemals so viel Bedeutung hatten und dass wir niemals so ohnmächtig waren.

Aus: Heinar Kipphardt: In der Sache J. Robert Oppenheimer, Suhrkamp Verlag: Frankfurt 1964, S. 145 f. [aus rechtlichen Gründen in alter Rechtschreibung].

Die Wissenschaft muss in ihren Forschungsgebieten wertneutral arbeiten, aber die Handlungen der einzelnen Wissenschaftler unterliegen persönlichen sowie gesellschaftlichen Werten und Interessen. Die persönlichen Werte, die der Forscher zum Beispiel aus seinem Verantwortungsbewusstsein und seinem Verständnis von Wahrhaftigkeit gegenüber den Interessen des Staates ableitet, können ihn in derart große Gewissenszweifel führen, dass er sich vor den Konsequenzen seines Tuns fürchtet und sich von der Gesellschaft isoliert. Die gesellschaftlichen Interessen können zur Verfolgung und zur Verurteilung des Wissenschaftlers führen, wenn er sich nicht den Verfügungs- und Nutzinteressen der gesellschaftlichen Institutionen beugt.

9 Die Entstehung des Lebens: Schöpfung und Evolutionstheorie

Durch die Evolutionstheorie der Biologie und die Schöpfungsvorstellung des Christentums wird die Frage nach der Herkunft des Lebens **aus zwei Perspektiven** in die Diskussion über das Verhältnis zwischen Naturwissenschaft und Religion eingeführt. Ob hier unvereinbare Gegensätze vorliegen oder ob sich beide Bereiche gegenseitig ergänzen, muss im Dialog der Wissenschaften geklärt werden.

Noch zu Beginn des 20. Jahrhunderts wurde die **Evolutionstheorie*** von der **katholischen Kirche** durch Papst PIUS X. als ein „Irrtum des Modernismus" bezeichnet, da eine Lehre, die die Entwicklung des Lebens aus der Materie vertrete, zum Atheismus führe. Da nur der Schöpfungsglaube die Treue zur Natur und die Ehrfurcht vor dem heranwachsenden Leben bewahre und die Evolutionstheorie im Gegensatz dazu künstliche Geburtenregelung und Schwangerschaftsabbruch begünstige, erklärte PIUS XII. 1950 in der Enzyklika „Humani Generis" die Unvereinbarkeit der Evolutionstheorie mit dem christlichen Glauben.

Auf **protestantischer Seite** wurde ebenfalls von der Unvereinbarkeit beider Positionen gesprochen und zwar auf dem Hintergrund des Buches von CHARLES DARWIN „Die Entstehung der Arten durch natürliche Zuchtwahl oder Die Erhaltung der bevorzugten Rassen im Kampf ums Dasein", in dem Darwin den Entwicklungsgang des Lebens von Pflanzen und Tieren mit den Prinzipien der Mutation und Selektion beschreibt und die Herleitung des Menschen aus dem Tierreich andeutet.

Der Widerstand der protestantischen Theologie richtete sich gegen das durch die Evolutionstheorie vermittelte Menschenbild, da der Mensch durch die Lehre von der natürlichen Entstehung des Lebens nicht mehr als Teil der göttlichen Schöpfung angesehen wurde und sich das Interesse am Menschen eher auf die biologischen Naturgesetze seiner Existenz konzentrierte als auf seine geistige Individualität. Nach protestantischem Verständnis drohte dadurch die Gefahr, dass die Würde, die dem Menschen als Ebenbild Gottes zukommt, vollständig aus dem Blick geriet.

Abgelehnt wurde der Anspruch des biblischen Schöpfungsberichtes nicht nur von den Vertretern der Evolutionstheorie, sondern auch durch die **Thesen der Aufklärung***, die die Wissenschaftlichkeit der biblischen Aussagen zur Entstehung des Lebens in der Linie von KEPLER, GALILEI, KOPERNIKUS und DARWIN bis zu MARX bestritten.

Gegenüber diesen naturwissenschaftlich-biologischen und religionskritischen Angriffen konnten sich die **theologische Lehre** und die fundamentalistische **kirchliche**

Verkündigung nicht durchsetzen, was zur Folge hatte, dass die biologische Erklärung über die Entstehung des Lebens zur anerkannten Grundlage für das Denken über den Ursprung des Lebens wurde.

Die Vorstellung einer göttlichen Schöpfung hat heute an Bedeutung verloren. Die Aussagen „Gott ist tot" – „Das Wort Gottes bedeutet mir nichts mehr" kennzeichnen eine Haltung, in der Gott als Schöpfer keinen Platz mehr hat. Weil in der kirchlichen Verkündigung aus dem einfachen Erzählen über die Schöpfung und den Schöpfer eine Schöpfungs**lehre** wurde, hat die Kirche gegenüber der naturwissenschaftlich-biologischen Erklärung versagt. Hier liegt ein Grundmissverständnis vor, denn erzählendes Reden von der Schöpfung aus verschiedenen Perspektiven – was sich in der Existenz zweier Schöpfungsberichte zeigt – ermöglicht die Freiheit für verschiedene Vorstellungen und entbindet von einer dogmatischen Lehre.

9.1 Das biblische Reden von der Schöpfung

Das biblische Reden von der Schöpfung berichtet von der **Erschaffung der Welt durch Gott.** Dies geschieht in Form einer **Erzählung,** da es den Menschen auf andere Weise nicht möglich war, die von ihnen erfahrene Wirklichkeit zu bezeugen. Dabei formulierten die alttestamentlichen Berichte (Gen 1,1– 2,4a und Gen 2,4b–24) kein Glaubensdogma. Vielmehr zeigt allein die Tatsache, dass es mehrere Schöpfungserzählungen gibt, dass der Vorgang der Schöpfung aus unterschiedlichen Perspektiven betrachtet und erzählend tradiert wurde.

Der **ältere Schöpfungsbericht** (Gen 2,4b–24) stammt aus dem 10. Jahrhundert vor Christus. Gottes Wirken ist in diesem Text auf den Menschen konzentriert, denn er ist Beginn und Ende des göttlichen Handelns. Dazwischen steht die Umwelt des Menschen: die Tiere und die Mitmenschen. Nicht durch die Tierwelt (Gen 2,18), sondern erst durch den Mitmenschen (Gen 2,21–24) erfüllt sich sein Lebenssinn.

Der **jüngere Schöpfungsbericht** (Gen 1,1–2,4a) entstand um die Mitte des 6. Jahrhunderts vor Christus, also zur Zeit des babylonischen Exils. Dieser Text muss vor dem Hintergrund gelesen werden, dass durch die Verschleppung des israelitischen Volkes in die babylonische Gefangenschaft der Glaube an den israelitischen Jahwe-Gott stark gefährdet war. Vor allem der Einfluss der Babylonier, die ihre eigenen Schöpfungsmythen hatten, brachte diese Gefahr mit sich.

Auch die **Propheten** setzten ihre Schöpfungsargumente ein, um Jahwes Einzigkeit als Gott zu belegen und damit ein Gegengewicht zu anderen Einflüssen zu schaffen. Das Ordnungsprinzip des Siebentagerhythmus mit der Beschreibung des chaotischen Zustands am Anfang der Schöpfung und dem ordnenden Eingreifen Gottes mit der Erschaffung des Menschen als Höhepunkt, sollte das Vertrauen der Israeliten in ihren Glauben an den einen Gott und dessen Verlässlichkeit zurückgewinnen und festigen. Dass der Mensch mit Hoheitsrechten und Fürsorgepflichten in Analogie zu Gottes Wirken an der Welt ausgestattet wird, stellte für die Israeliten eine neue, Vertrauen schenkende Orientierung dar, die ihnen Stütze für die Gegenwart und Perspektiven für die Zukunft vermittelte. So wurde es ihnen möglich, ihre Zeit im Exil nicht als hoffnungslos zu betrachten.

Dass die Schöpfungserzählungen kontinuierlichen **Wandlungen** unterlagen, ist mit den sich verändernden kulturellen und geschichtlichen Bedingungen (Exodus*, Wüstenwanderung, Exil, Heimkehr) zu erklären. Der Mensch jedoch sollte sich bei allen Anfechtungen, die diese Situation mit sich brachte, als das Geschöpf des einen Gottes erkennen und die Welt als göttliche Schöpfung anerkennen.

Vergleichstexte zum alttestamentarischen Schöpfungsbericht finden sich in babylonischen Keilschrifttexten sowie in sumerischen, assyrischen, griechischen und ägyptischen Texten. Der biblische Text stellt jedoch nicht eine bloße Übernahme dieser Vorlagen dar. Er zeichnet sich vielmehr durch die Konzentration auf die Botschaft von dem einen Gott aus und legt hiermit in einem polytheistischen Umfeld den Grundstein zum **Monotheismus.**

Das biblische Reden von den Anfängen der Menschheit enthält Motive, die das Bewusstsein über eine mythische Urzeit mit dem Bewusstsein der Bedrohung von Mensch und Welt verbinden. Aus der Erkenntnis über die Gefährdungen des Menschseins macht der Schöpfungsbericht darauf aufmerksam, dass Sinngebungen und Wirklichkeitsdeutungen dem Menschen nur in der Orientierung auf Gott hin Grund und Halt für seine Existenz geben.

Der Sinn des Einzelnen und der Menschheit ergibt sich aus der Umschlossenheit des Menschen durch den Schöpfer. Das **ganzheitliche Menschenbild,** das in den biblischen Schöpfungserzählungen grundgelegt ist, wird durch den Segen, den Gott den Menschen erteilt, und durch den Glauben an einen einzigen Gott ausgedrückt. Der Segen, wie er in Gen 1,28 von Gott ausgesprochen wird. *„Und Gott segnete sie, indem er sprach: Seid fruchtbar und mehrt euch und erfüllt die Erde und macht sie euch untertan! Herrschet über die Fische im Meer und die Vögel am Himmel und über alles Lebendige, das sich auf Erden regt!"* findet seine Verwirklichung in der Geschlechterfolge, mit der sich die Ausbreitung des Menschen auf der Erde in zeitlicher wie in räumlicher Erstreckung ausdrückt. Der Segen umfasst den Auftrag zur Kulturarbeit, nämlich die Erde zu bebauen und zu bewahren (Gen 2,15) und spricht damit die Bedeutsamkeit der menschlichen Arbeit an. Schließlich setzt der Segen die Menschen in die Gemeinschaft mit den Tieren ein, und er schließt damit einen Kreis, von dem alles Lebendige umfasst ist. Den Menschen als Ganzheit zu verstehen heißt somit, ihn in allen seinen Lebensbereichen

(z. B. Fortpflanzung, Arbeit, Kulturwirken, Gemeinschaft) zu sehen. Sein Menschsein erweist sich in diesen Zusammenhängen als Ausdruck seines Geschöpfseins, mit dem ihm die Möglichkeiten zur Sinnfindung seiner Existenz durch Gott verliehen wurden.

Das **Menschsein** wird in den alttestamentlichen Schöpfungserzählungen als ein Dasein in Grenzen dargestellt. Der Mensch wird erschaffen, gerät in Krisen, wird bewahrt und gesegnet. Er erfährt sich eingebunden in eine allumfassende Wirklichkeit, die von Gott herkommt. Eine naturwissenschaftliche Betrachtung, die allein daran interessiert ist, zu fragen, *wie* die Schöpfung vonstatten ging, ist unangebracht. Denn es geht in den Schöpfungsdarstellungen um eine Wirklichkeit, die das Ganze der Welt umfasst. Von dieser Wirklichkeit wird erzählt, d. h. sie wird nicht wissenschaftlich dargeboten.

9.2 Weltschöpfung und Menschenschöpfung in den biblischen Schöpfungsberichten

Am Beispiel der Schöpfungsberichte und der Erzählung vom Fall des Menschen soll die **Bedeutung des biblischen Redens** vom Schöpfer und der Schöpfung für die Fragen nach der Welt und den in ihr wohnenden Menschen erschlossen werden. Die Schöpfungsmotive des Textes zeigen, welche mythischen, auf die Natur und das Menschsein bezogenen Elemente den Schöpfungsbericht als eine Erzählung vom Anfang der Welt und der Menschheit erweisen, der keineswegs im Gegensatz zu naturwissenschaftlichen Erklärungen unserer Zeit steht, sondern vielmehr als deren Grund und Ursprung anzusehen ist.

9.2.1 Schöpfungsmotive in Genesis 1,1–2,4a

Zur Vorgeschichte der Schöpfungserzählungen gehören die **mythischen* Motive** des Machens und Wirkens, wie sie in Gen 2,7 angesprochen werden. Auch die Erzeugung von Meer, Wind und Land durch „Geburten", ein Entstehungsmotiv, das den altorientalischen Mythen entnommen ist, gehört in diesen beiderseitigen Zusammenhang, wenn es in Gen 1 heißt: „Dies sind die *‚tol^e^dot‘* (Geburten, Entstehungen) des Himmels und der Erde."

Schöpfung kann aber auch durch Kampf oder durch ein Wort geschehen, wie Joh 1,1 die Priesterschrift* zitiert: „Im Anfang war das Wort und das Wort war bei Gott und das Wort war Gott. Im Anfang war es bei Gott. Alle Dinge sind durch das Wort geworden und ohne das Wort ist auch nicht eines geworden, das geworden ist."

Vor dem biblischen Schöpfungsbericht gab es bereits babylonische und ägyptische **Kosmogonien***. Auch die polytheistischen Hochkulturen sind den biblischen Schöpfungserzählungen vorausgegangen. Daher sind die Schöpfungsvorstellungen in Gen 1 vom **Weltbild des Alten Orients** geprägt, nach dem die Welt in drei Stockwerke von Himmel, Erde und Unterwelt eingeteilt ist. Auch so genannte „primitive“ Schöpfungsvorstellungen, die von der Erschaffung des Menschen aus Ton und Erde sprechen, existierten schon vor den Erzählungen in Genesis 1.

Die Schöpfung durch das Wort geschieht durch **Schöpfungsbefehle.** *Gott sprach*: Einleitung des Befehls; *es werde*: Befehl; *und es ward*: Ausführung; *Gott sah, dass es gut war*: Beurteilung; *es ward Abend und Morgen – ein Tag*: zeitliche Einordnung.

Schöpfungsszene: Die Erschaffung der Gestirne und der Vegetation, Michelangelo, Sixtinische Kapelle Rom

Die Welt wird als **Lebensraum** erschaffen (Gen 1,1–10), wobei zunächst von der Erschaffung der unbelebten Welt (Gen 1,11–19), danach von der Schöpfung des organischen Lebens (Gen 1,20–25) und des Menschen (Gen 1, 26–31) erzählt wird. Die Erschaffung der Welt erfolgt somit in den Grundkategorien von **Zeit** (Gen 1,3–5) und **Raum** (Gen 1,6–10).

Von der **Erschaffung der Pflanzen** wird art- und gattungsspezifisch gesprochen (Gen 1,11 f.). Als Vegetation sind die Pflanzen ein integraler Bestandteil der Welt. Die biblische Darstellung der Entstehung der Pflanzen nach Arten bewegt sich im Rahmen wissenschaftlicher Erklärungsmuster. Ein Konflikt mit der Biologie ist von daher nicht zu erkennen.

Die **Erschaffung der Tiere** wird mit dem Segen verbunden (Gen 1,22), der ausdrückt, dass alles Lebendige als organisches Leben (einschließlich des Verhältnisses von Mensch und Tier) zusammengehört. Im Zusammenhang mit der Fortpflanzungsfähigkeit bedeutet der Segen, dass die Kraft der Fruchtbarkeit und der Schutz alles Lebendigen das Verhältnis zwischen Mensch und Tier kennzeichnen.

Gen 1,1–2,4a erzählt, was den **Menschen** ausmacht und *wozu* Gott ihn erschuf (Gen 1,26f.), jedoch nicht, *wie* der Mensch erschaffen wurde. Erzählt wird auch, was der Existenz des Menschen Sinn verleiht, allerdings wird nicht von der Erschaffung individueller Menschen gesprochen – wie in der älteren Darstellung in Gen 2 mit Adam und Eva –, sondern von der Erschaffung der Gattung Mensch.

Gen 1,27–28a weist mit der **Ebenbildlichkeit des Menschen** auf die Besonderheit seiner Existenz im Rahmen der Schöpfung hin. Mit „Ebenbildlichkeit" ist keine morphologische Ähnlichkeit mit Gott gemeint. Es geht nicht um ein äußerliches Attribut, sondern das Wesen des Menschen und seine Bestimmung werden angesprochen: Er ist der Sachwalter Gottes. Darin liegt die besondere Würde des Menschen gegenüber allen anderen Geschöpfen. Diese Würde trifft für Mann und Frau in gleicher Weise zu, denn sie wurden als Frau und Mann unabhängig von einer hierarchischen Zuordnung geschaffen. Geschöpf Gottes zu sein heißt, sich im Bewusstsein der verliehenen Menschenwürde verantwortlich für die Belange der Welt einzusetzen. Mit dem Segen wird ihnen die Kraft der Fruchtbarkeit verliehen. Das Fleischliche ist nicht das Sündige und Verwerfliche, sondern gehört zum Geschaffensein des Menschen dazu.

Menschliche Herrschaft über die Erde drückt sich im kulturschaffenden Wirken des Menschen aus, d. h. im verantwortungsbewussten Herrschen über die Tiere und in der Verantwortung für alles Lebendige. Herrschaft meint die Bewahrung des Anvertrauten und das Engagement für das „Heilsein" der Welt, damit sich für diese Welt und die Menschen Zukunft eröffnet; es bedeutet aber nicht, dass Menschen über Menschen herrschen, denn von Ausbeutung ist im biblischen Text keine Rede. Der Segen, der dem Herrschaftsauftrag vorausgeht, nimmt den Menschen gleichsam in die Verantwortung für das, was ihn umgibt.

Gottes Schöpfung ist gut (Gen 1,31), die Entwicklung des Kosmos (Himmel und Erde) und der Menschheit ist ebenfalls gut (Gen 2,1–4). Trotz der individuellen negativen Welterfahrung des Menschen ist die Frage nach dem Ursprung und dem Sinn der Schöpfung mit gut zu beantworten. Der Mensch ist frei zur Freude an der Schöpfung trotz Angst und Zweifel. Alles Existierende hat Teil an einem umfassenden Ganzen, dem Ursprung der Daseinsfreude. Dieser Freude kann der Mensch im Lob Gottes Ausdruck geben. Für die Verehrung des Guten und Schönen finden Gott und die Menschen **Ruhe** am siebten Tag.

9.2.2 Die Erschaffung des Menschen nach Genesis 2,4b–3,24

Der Erzähler des zweiten Schöpfungsberichts, der so genannte Jahwist*, gibt Vorstellungen wieder, die schon seit Jahrtausenden existieren, und verwendet sie als Chiffre* für den Glauben, dass der Mensch sein Dasein von Gott hat und das menschliche Sein nur als Geschaffensein vorstellbar ist. Hierher gehört beispielsweise das Motiv, dass der Mensch aus Ton oder Lehm geschaffen und ihm Lebensatem eingehaucht wurde. Diese Darstellungen sind bereits in ägyptischen und babylonischen Texten sowie bei primitiven Kulturen zu finden.

In Gen 2,4b–7 gilt der Atem als organisches Element, das Leben verleiht. **Lebendigsein** heißt Ganzheitlichkeit des Menschen in Fleisch (Leib) und Geist. Dies bedeutet aber nicht, dass der Mensch an einen bestimmten Lebensweg gebunden ist, sondern der Mensch muss ganzheitlich als Wesen zwischen Leben und Tod gesehen werden. Seine **Endlichkeit** begrenzt sein Leben.

Das **Paradies** (Gen 2,8) ist der Ort der Freude, des Überflusses und des Guten. Der Garten Eden steht für eine fruchtbare Landschaft, die bebaut und bewahrt werden muss – das reine Genießen ist unbekannt und unbiblisch. Gottes Auftrag zum Bebauen und Bewahren ist eine Grundbestimmung des menschlichen Handelns, das seiner Existenz Sinn verleiht.

Der Mensch entfaltet sein volles Menschsein nach Gen 2,19–24 erst in der **Gemeinschaft mit den Tieren und anderen Menschen.** Durch die Benennung der Tiere werden sie in die Welt des Menschen eingeordnet. Die Erfahrungen, die der Mensch in der Gemeinschaft mit den Tieren macht, und ihr Kennen und Verstehen sind für den Menschen von Bedeutung.

Mit der Darstellung, dass Gott die **Frau** aus einer Rippe des Mannes erschafft und dass der **Mann** aus Erde geformt wird, greift der Erzähler in Gen 2, 19f. auf eine fest geprägte Tradition zurück, die die enge Zusammengehörigkeit von Frau und Mann durch den Schöpfungsvorgang aufzeigen will.

Der Mensch wird erst Mensch in der **Gemeinschaft von Frau und Mann.** Bei dem Namen *„adam"* handelt es sich um ein hebräisches Substantiv, das als Gattungsbezeichnung den Menschen im Sinne von Menschheit oder Menschsein meint. In den biblischen Schöpfungstexten ist also ganz allgemein die Erschaffung aller Menschen angesprochen. Die sprachlich verwandten Worte *adam* (Mensch) und *adamah* (Erde) kennzeichnen, dass der Mensch aus Erde geformt wurde und mit dem Tod wieder in sie zurückgegeben wird. Weiterhin wird mit diesem symbolisch-mythologischen Bild gesagt, dass der Mensch dazu bestimmt ist, die Erde zu bebauen und zu bewahren.

Wenn im zweiten Schöpfungsbericht in mythischen Bildern beschrieben wird, dass die Frau aus der Seite des – noch geschlechtsneutralen! – Menschen *adam* genommen wird, dann entfaltet sich dieser Mensch erst durch die Erschaffung der Frau (hebr. *ischáh)* zum Mann (*isch*). Während sich die Gleichberechtigung von Mann und Frau in Gen 1 daran zeigt, dass sie als Ebenbild Gottes geschaffen wurden und es den Menschen nur als Mann und Frau geben kann, weist Gen 2 darauf hin, dass Mann und Frau in gleicher Weise aufeinander angewiesen sind, weil sie voneinander genommen sind und mit-

Gott schafft Eva aus der Rippe des schlafenden Adam, Kathedrale Chartres einander einen Leib bilden. Die Gemeinschaft zwischen Mann und Frau wird durch gegenseitige Hilfe in allen Bereichen des Lebens geformt. Diese Gegenseitigkeit erstreckt sich auch auf das sprachliche, ethische und emotionale Verstehen.

Der Name *Eva* (Gen 3,20) findet im Hebräischen Anklänge an die Wortwurzel für „Leben" und „lebendig". Eva, die alttestamentlich als erste Frau angesehen wird, ist die „Mutter alles Lebendigen". Damit werden die natürlichen Anlagen der Frau, nämlich Leben weitergeben zu können, besonders hervorgehoben. *Adam* und *Eva* dürfen nicht – wie es im heutigen Alltagsbewusstsein oftmals geschieht – als historisch existente Personen betrachtet werden, sondern sie sind in ihrer mythologisch-symbolischen Bedeutung zu verstehen, mit der vom Frausein und Mannsein in übergreifender Art und Weise gesprochen wird.

Gebote wie in Gen 2,16 f. geben den Menschen die Möglichkeit ihrer Befolgung oder Missachtung: Erst an den Geboten entfaltet der Mensch seine Freiheit. So verhindert das Gebot, von den Bäumen des Gartens zu essen, dass die Menschen Mangel leiden. Es bewahrt vor dem Tod. Mit den Geboten stellt Gott einen Anspruch an die Menschen. Er gebietet ihnen etwas, wozu sich die Menschen zustimmend oder ablehnend verhalten können. An den Geboten entsteht somit erst die Freiheit des menschlichen Verhaltens. Diese Freiheit stellt eine Erweiterung der Existenzmöglichkeiten dar. Die Gebote fordern den Menschen also zu einem Entscheidungsverhalten gegenüber sich selbst und Gott heraus. Sie nehmen den Menschen in seinen freiheitlichen Entscheidungen ernst.

9.2.3 Der Fall des Menschen und die Vertreibung aus dem Garten Eden

Dass der **Mensch** nach Gen 3,1–7 verführbar ist, weist auf seine Begrenztheit hin. Mit „Gut" und „Böse" (Gen 3,5) ist gemeint, was dem Menschen förderlich und was ihm abträglich ist bei seiner Daseinsbewältigung. So weist die Anlage zur Verführbarkeit letztlich auf den Lebens- und Erkenntnisdrang im Menschen hin. Mit dem Streben nach umfassender Erkenntnis erweitert der Mensch sein Dasein. Wenn jedoch der Mensch in seinem Erkenntnisdrang die Grenze, die durch die Entsprechung zwischen Gott und Mensch gesetzt ist, überschreitet, droht der Verlust der Maßstäbe. Davon wird in der Verführungsszene gesprochen.

Die Frau tritt aus dem Verhältnis zu Gott heraus, indem sie das Gebot übertritt. Der Mann, der sich dem Geschehen gegenüber passiv verhält, verfehlt einen Wesenszug des Menschseins, indem er zum bloßen Mitläufer wird. Er vermeidet Entscheidungen und ist sozial träge, während die Frau Mut beweist und den Mann an ihrer praxisrelevanten Vorgehensweise, d. h. ihrem (kulturbildenden) Erkenntnisdrang Anteil haben lässt.

Mit **Scham** reagiert der Mensch – wie in Gen 3,1–7 –, wenn er bloßgestellt wird. Scham, die als Reaktion auf einen Fehltritt sichtbar wird, kann zur Abwendung von der Verfehlung führen, indem sie darauf hinweist, dass etwas falsch ist. Sie hat das Verlangen nach Schutz der persönlichen Intimsphäre zur Folge. Welche Verhaltensweisen von Menschen als schamerregend gelten, wird durch die moralischen Normen einer Gesellschaft festgesetzt.

Die biblische Szene in Gen 3,8–13 hat Ähnlichkeit mit einem Verhör, das einen Tathergang aufdeckt und rekonstruiert. Die **Verantwortung** desjenigen Menschen, der in freier Entscheidung schuldig geworden ist, wird eingefordert, er wird aber ernst genommen, indem er sich verteidigen kann. Die Herkunft des Bösen kann jedoch nicht geklärt werden; der Mensch kann nicht für die Existenz des Bösen, wohl aber für seine Taten verantwortlich gemacht werden.

Die **Schlange,** die als Verführerin des Menschen auftritt, wird verflucht. Aber Frau und Mann unterliegen nicht diesem Fluch, sondern den Richtsprüchen Gottes (Gen 3, 14–19), die als Reaktion auf den Ungehorsam beider, nicht jedoch als Strafe zu lesen sind. Diese Richtersprüche ordnen nichts an, sondern beschreiben einen Tatbestand. Da sie in einen zeitspezifischen kulturellen Rahmen eingebettet sind, geht damit für Frau und Mann die Freiheit einher, die ihnen vermittelten Rollen zu hinterfragen und zu verlassen. Daher sind die Richtersprüche keine Normen, die etwas für immer und ewig festlegen, sondern sie beschreiben **Daseinsgrenzen für Frau und Mann.** So stellt z. B. Gen 3,16b nicht die von Gott ursprünglich gesetzte „gute Ordnung" dar, sondern zeigt lediglich die volle Einbindung des Menschen in die Welt jenseits des Paradieses. Daraus kann allerdings nicht gefolgert werden, dass der Geburtsschmerz nicht durch medizinische Maßnahmen gelindert werden darf. Vielmehr sagt diese Textstelle etwas darüber aus, was für die Lebenserfahrung der Frau von eminenter Bedeutung ist und sowohl Glück als auch Risiko bedeuten kann.

Genauso verhält es sich mit dem Herr-Sein des Mannes und der Unterordnung der Frau in Gen 3,14–19. Weder das Herr-Sein noch die Unterordnung entsprechen dem Schöpfungsgedanken. Männliche Vorherrschaft und Unterwerfung sind Zeichen der Entfremdung zwischen Frau und Mann, die der göttliche Schöpfungsvorgang nicht kennt. Insofern ist das Verhältnis zwischen den Geschlechtern wandelbar. Insbesondere durch die Emanzipation der Frau findet eine Annäherung an die ursprünglich vorgesehene **Gleichstellung von Frau und Mann statt.**

Dass **Arbeit** immer mit Mühe und Last verbunden ist, wird realistisch eingeschätzt und bewahrt so vor dem Idealisieren dieses Lebensbereichs.

Der **Tod** ist die Begrenzung menschlichen Glücks und aller Mühsal. Das Leben beginnt im biblisch-anthropologischen Sinn mit der Erschaffung des Menschen aus Erde und endet mit seiner Einbettung in sie.

Abbildung in einer Handschrift aus dem 15. Jahrhundert: die Erschaffung des Mannes und anschließend der Frau aus seiner Rippe (hinten links), die Versuchung durch die Schlange (Mitte) und die Vertreibung aus dem Paradies (hinten rechts); Museo del Duomo, Florenz

Der Mensch erfährt in Gen 3,20–24 eine Distanz zu Gott, nachdem er zuvor die Geborgenheit des Erschaffenseins und den Segen Gottes erhalten hatte. Gott verlässt den Menschen aber dennoch nicht. Er gibt ihm zum Zeichen seiner Fürsorge sogar Röcke und Felle und nimmt somit symbolisch Anteil am Leben des Menschen trotz dessen **Fehlbarkeit.**

Mit der Bearbeitung des Ackerlandes (Gen 3,23) zeigt sich der Mensch – trotz aller Mühsal, die damit verbunden ist – als der sich transzendierende* Mensch. Er kann Neues entwerfen, wobei sich seine Leistungen innerhalb der Grenzen der Schöpfung abspielen. Die Fähigkeiten, Fertigkeiten und Möglichkeiten des Menschen können auch durch vielfältige Steigerungen nicht zu Möglichkeiten Gottes, zu Möglichkeiten des Schöpfers, werden. In welchen Bereichen der Mensch schöpferisch tätig ist, zeigen Gen 1, 26–30; 2,15.18. 21–24 und 3,20.

Der Lebensbaum in Gen 3,24 verkörpert Weisheit und ewiges Leben. Er steht für das Streben nach Gut und Böse sowie nach unsterblichem Leben. Bis zu einem gewissen Grad kann der Mensch Erkenntnis erlangen, aber der Tod setzt ihm Grenzen. Das Streben nach der Erkenntnis Gottes ist dem Menschen innewohnend, aber Gottgleichheit ist ihm verwehrt.

Von der Existenz des Menschen im Garten Eden bis zu seiner Vertreibung daraus wird in der Erzählung ein Geschehen wiedergegeben, in dem Menschsein als ein Prozess des Werdens verstanden wird. Die Geschichte wirft die Frage auf, warum der von Gott geschaffene Mensch zugleich durch Mühsal und Tod begrenzt ist. Die Antwort, die mit dem Ungehorsam des Menschen gegeben wird, hat zwar dessen Distanz zu Gott, aber nicht seinen Tod als Konsequenz des Vergehens zur Folge.

Sünde ist die Opposition des Menschen gegen Gott in Form der Überheblichkeit. Der Mensch bleibt jedoch trotz allen Ungehorsams in der Freiheit, denn auch wenn er sich von Gott entfernt, bleibt er noch von ihm versorgt und steht unter seinem Segen.

Der Lebensbaum

Zusammenfassung: Die biblische Deutung des Menschen

Der biblische Schöpfungsakt erzählt vom Werden und Wesen des Menschen, von seinem Schicksal und seiner Position im Kosmos.

Nach Gen 1,26 ist der Mensch Gottes Abbild. Er lebt im Bewusstsein der ihm dadurch verliehenen **Würde** und **Verantwortung** für sein Tun. Seine Erschaffung aus Ackerboden, Staub, Erde und Lebensatem zeichnet ihn als Wesen mit beseeltem Leib aus. Fleischlich bzw. leiblich ist der Mensch schwach, aber in seiner Existenz hat er Anteil am Geist Gottes, der ihn stärkt. Zwar darf der Mensch alle anderen Geschöpfe – außer dem Menschen selbst – beherrschen, steht dabei aber jeweils im verantwortlichen Tun vor Gott. Daraus erwächst die grundsätzliche **Gleichheit** aller Menschen und Kreaturen vor Gott.

Sein Name *adam*, der von *adamah* (Erdboden) abgeleitet ist, zeigt an, dass der Mensch zu der Erde zurückkehrt, aus der er genommen wurde. Am Namen *adam*, der als „Wesen aus Erde", „Mensch", „Menschheit" und „Urgeschöpflichkeit des Menschen" zu übersetzen ist, lässt sich außerdem erkennen, dass der Mensch im Alten Testament als kollektives Wesen anzusehen ist. Von Gottes Absicht her soll der Mensch nicht als Einzelwesen existieren. Er ist zur Gemeinschaft bestimmt, denn „es ist nicht gut, dass der Mensch allein bleibt" (Gen 2,18).

Wenn sich der Mensch von Gott abwendet, steht er zunächst in Distanz zu Gott. Aber Gott wendet sich nie vollständig von ihm ab, wenn der Mensch zur Umkehr bereit ist. Gott schließt dann einen neuen Bund mit ihm.

Der Gegensatz zwischen kirchlicher Lehre und der naturwissenschaftlich-biologischen Forschung über die Anfänge des Menschengeschlechts verliert seine Bedeutung, wenn Adam und Eva nicht als geschichtliche Personen, sondern als **Repräsentanten der Menschheit** verstanden werden.

Vor diesem Hintergrund können und müssen das theologische Verstehen gemeinsam mit den Forschungen der Biologie, Anthropologie, Psychologie und der Sozialwissenschaften ihren Beitrag zur Frage **„Was ist der Mensch?"** leisten.

Somit ist das naturwissenschaftliche Forschen über die Ursprünge der Menschheit vonseiten der Theologie in jedem Fall anzuerkennen. Andererseits können durch die Naturwissenschaften nicht alle Dimensionen des Menschen und der Welt beschrieben werden. Von ihren Voraussetzungen her sind die Naturwissenschaften nicht imstande, Orientierung über den Sinn und den Gebrauch ihrer Erkenntnisse zu geben. Dazu sind sie auf Deutungsmuster angewiesen, die die Ganzheitlichkeit sowie Sinn und Ziel des Menschen im Blick haben. Ein solches Deutemuster bietet die Religion, indem sie Grundfragen des Menschseins anspricht und in einen größeren Zusammenhang stellt.

9.3 Die theologische Diskussion über die Herkunft des Menschen zwischen Schöpfung und Evolution

Ist der Mensch auf natürliche Weise, also als Glied der Evolutionskette entstanden, oder ist er das Geschöpf Gottes? Sind Evolution und biblische Schöpfungslehre Gegensätze? Ist der Schöpfungsglaube überholt und beiseite zu legen?

Mit diesen Fragen nach dem Ursprung des Lebens begeben wir uns in die Auseinandersetzung zwischen der evolutionär-biologischen und der jüdisch-christlich-theologischen Schöpfungsposition. Dass es sich dabei nicht um unversöhnliche Sichtweisen handelt, sondern um ergänzende, vielleicht sogar verbindende Aspekte, zeigen die folgenden Diskussionsbeiträge jüdischer und christlicher Theologen bzw. Naturwissenschaftler.

9.3.1 Schalom Ben-Chorin: Schöpfung und Evolution

Der jüdische Philosoph Schalom Ben-Chorin hält in seinem Aufsatz „Schöpfung und Evolution"[1] fest, dass die Bibel kein Lehrbuch ist – weder für naturwissenschaftliches noch für anthropologisches Wissen. Die Gottebenbildlichkeit des Menschen meint seine ethische Wesensart, also seine Fähigkeit, Gut und Böse voneinander zu unterscheiden. Diese Fähigkeit entwickelte der Mensch erst durch den Sündenfall. Erst durch den Ungehorsam wurde er zum moralischen Wesen, sodass man hier von einer **ethischen Evolution*** sprechen kann.

Als **evolutionistische Prinzipien** der Bibel betrachtet Ben-Chorin zum Beispiel die Evolutionsreihe des Schöpfungsberichtes in der Folge: Fische, Vögel, Säugetiere, Mensch, somit also die Höherentwicklung der Welt, wie sie im Judentum und Christentum angenommen wird. Ben-Chorin sieht die gegenwärtige Welt nur als einen unvollkommenen Entwurf der kommenden Welt, die als „neue Schöpfung" der alten sittlich überlegen sein wird (vgl. Jes 65,17 f. und 2 Petr 3,13). Die Schöpfung aus dem Wasser als Urelement, das in Gen 1 und im Neuen Testament als „Wasser des Lebens" beschrieben wird (vgl. Joh 4,13 f.), ist als heilsgeschichtlich-eschatologisches Evolutionsgeschehen anzusehen. Auch der Mensch, der in dieser neuen Welt für Gerechtigkeit eintreten soll, gehört in diesen Evolutionsvorgang. Seine Mitarbeit ist wiederum als ethische Evolution zu verstehen, denn er arbeitet an der Weiterentwicklung der Welt mit. Obwohl er sie nie vollenden kann, bleibt sie seine dauernde Aufgabe, die als evolutionäres Engagement zu werten ist. In dieser Vorstellung von der Höherentwicklung schließen sich Schöpfungsglaube und Evolutionstheorie nicht aus, sondern ergänzen und vollenden einander: **Glaube und Wissen erweisen sich als zwei Seiten einer Wirklichkeit.**

1 SCHALOM BEN-CHORIN: Schöpfung und Evolution, in: Naturwissenschaft und Glaube, hrsg. von Helmut A. Müller, Bern 1988, S. 22–28.

9.3.2 Jürgen Moltmann: Was ist der Mensch? – Menschenbild zwischen Evolution und Schöpfung

In seinem Aufsatz „Was ist der Mensch? – Menschenbild zwischen Evolution und Schöpfung“[1] beschreibt der evangelische Theologe Jürgen Moltmann die Möglichkeit, einen Einklang zwischen den biblischen Aussagen und den Erkenntnissen der Naturwissenschaft herzustellen.

Da die biblischen Schöpfungsgeschichten in einem Zeitraum von 1000 Jahren entstanden, müssen sie in einem **hermeneutischen Prozess*** gesehen werden, der Revisionen und Innovationen möglich macht. Biblische Aussagen von der Schöpfung müssen daher auf die neuen Naturerkenntnisse und Theorien bezogen werden. Das ist möglich, weil die biblischen Grundlagen selbst Zukunftsoffenheit, das heißt wegweisende Perspektiven in sich tragen, die einer dogmatischen Sicht Widerstand leisten.

Die Vorstellung von einer Schöpfung im Anfang *(creatio originalis)* verengte die christliche Schöpfungslehre hinsichtlich der Herkunft des Menschen. Der Fehler, den die christliche Lehre machte, lag darin, die Schöpfung am Anfang zur vollkommenen Schöpfung zu erklären, die quasi geschichtslos verläuft und somit kein Evolutionsgeschehen kennt. In dieser Vorstellung wurde auch der Mensch als ein einmalig von Gott geschaffenes Wesen angesehen, das nicht auf Evolution hin angelegt ist.

Eine Einordnung des Menschen in die Evolution bedeutete den Verlust seines Selbstwertgefühls, mit dem er sich als „Krone der Schöpfung“ verstand. Die Evolutionstheorie wurde so als ein Angriff auf die anthropozentrisch orientierte Weltanschauung verstanden und veranlasste die Kirche zu unangemessenen Reaktionen.

Zur Relativierung bzw. Überwindung der Schwierigkeiten zwischen dem biologischen Evolutions- und dem theologischen Schöpfungsgedanken kann die Lehre von der **fortgesetzten Schöpfung** *(creatio continua)* und der **vollendeten Neuschöpfung** *(creatio nova)*, beitragen. Unter „fortgesetzter Schöpfung“ ist zu verstehen, dass die einmal begonnene Schöpfung nicht aufhört, sondern sich dauerhaft entwickelt und auf eine Neuschöpfung *(creatio nova)* hinausläuft. Beide Schöpfungsaspekte tragen den Evolutionsprozess in sich und relativieren so die oben angesprochenen Schwierigkeiten zwischen christlicher Schöpfungs- und biologischer Evolutionslehre. Die Schöpfung ist veränderlich, sodass sie eine offene Geschichte mit Verderben und Heil, Vernichtung und Vollendung hat.

Das Zukunftsziel, auf das Schöpfung und Mensch evolutionär hinleben, besteht in der eschatologischen Verheißung des „siehe, ich mache alles neu“ (Offb 21,5). Das Leben, das durch die Evolution hervorgebracht wird, übersteigt in diesem offenen, nach vorne gerichteten Prozess fortwährend den gerade erreichten Zustand: es transzendiert

1 Jürgen Moltmann: Was ist der Mensch? – Menschenbild zwischen Evolution und Schöpfung“, in: Naturwissenschaft und Glaube, hrsg. von Helmut A. Müller, Bern 1988, S. 248–269.

sich selbst. Das vor ihm Liegende, zukünftig-Transzendente ist in der Sprache der christlichen Religion Gott. So gesehen kann die Welt dann als offenes, **auf Gott hinweisendes System** aufgefasst werden. Wird Gott als Ziel des Lebens angesehen, dann ist mit ihm der außerweltliche Bereich und zugleich der Ursprung der Weltwirklichkeit gemeint, der durch die Fähigkeit des Lebens zur Transzendierung vorweggenommen und angestrebt wird.

Die Evolution im Zusammenhang mit der **Sinnfrage** zu sehen, bedeutet, dass **der Sinn des menschlichen Lebens** in der Teilnahme an der Schöpfung Gottes liegt. Das heißt, dass jeder Mensch und jedes Lebewesen einen Sinn in sich tragen, unabhängig davon, ob sie für den Verlauf der Evolution nützlich oder unnütz sind. Ein Menschsein, das sich aus Gott kommend versteht, betrachtet nicht nur die tüchtigsten, sondern auch die kranken und behinderten Lebewesen als sinnvoll. Durch die Anwesenheit Gottes im Schöpfungsprozess ist die Schöpfung erfüllt von Lebendigkeit, Kommunikation und der Zurückdrängung des Negativen. Es gibt keinen Kampf ums Dasein. Die Angst wird überwunden und der Tod besiegt. Die Evolution verweist auf den Zustand, der mit „Reich Gottes" als transzendenter Verwirklichung der hier genannten Möglichkeiten gemeint ist.

9.3.3 Max Thürkauf: Evolution – Naturwissenschaft und christlicher Glaube

Nach Max Thürkaufs Position, wie er sie als Chemiker in seinem Aufsatz „Evolution, Naturwissenschaft und christlicher Glaube"[1] vertritt, entfalten sich die Besonderheiten der Evolutionstheorie in zwei Aspekten:

- durch die **Ontogenese*** oder „Seinswerdung" der Lebewesen und
- durch die **Phylogenese*,** womit ihre Artbildung im Laufe der Erdgeschichte gemeint ist.

Ontogenetische Evolutionen sind naturwissenschaftlich beweisbar. Über eine phylogenetische Evolution kann die Naturwissenschaft jedoch keine experimentell überprüfbaren Aussagen machen, da es nicht möglich ist, Jahrmillionen der Erdgeschichte zu reproduzieren. Hier bewegt sich die biologische Forschung im spekulativen Bereich.

Probleme biologischen Forschens stellen sich bei der Anwendung der induktiven Methode, da biologische Wissenschaftsverfahren nicht vom Teil auf das Ganze bzw. vom Besonderen auf das Allgemeine bei Lebewesen schließen können. Bedeutsam für die biologische Forschung ist daher der deduktive Weg, also die Erkenntnisfindung, die

1 MAX THÜRKAUF: Evolution, Naturwissenschaft und christlicher Glaube, in: Naturwissenschaft und Glaube, hrsg. von Helmut A. Müller, Bern 1988, S. 316–331.

vom Allgemeinen zum Besonderen führt, vom Wesen des Lebens zum einzelnen Lebewesen hin. Im Rahmen dessen, was die Evolutionstheorie nachweisen will, kam es nach Max Thürkaufs Auffassung in der biologischen Forschung zu unklaren Anwendungen induktiver und deduktiver Verfahrensweisen. Der **Mangel an philosophischer Reflexion** bei der Anwendung biologischer Methoden führte in der biologischen Wissenschaftsgeschichte dazu, dass sich das Vorgehen in erster Linie auf das Experimentieren und dessen Ergebnisse konzentrierte, weniger jedoch auf das Nachdenken über das Ziel des wissenschaftlichen Forschens: Das Wie des Vorgehens ist vertrauter als die Frage nach den ethischen Geboten und Konsequenzen, dem Warum, das mit der anstehenden Aufgabe verbunden ist. Die biologische Betrachtung des Lebens ist somit eher materialistisch-mechanistisch als metaphysisch-ethisch orientiert. Diese Lebenssicht steht konträr zum christlichen Menschenbild, denn der Materialismus leugnet den Geist als Lebensprinzip, aber die evolutionäre Menschwerdung ist durch den Geist, die Reflexionsfähigkeit und damit das Bewusstsein, als Individuum zu existieren, geradezu gekennzeichnet. Diese Kriterien machen die Freiheit, Verantwortlichkeit und Würde des Menschen aus. So ist er Ebenbild Gottes, er kann sich mit seiner Freiheit für, aber auch gegen Gott entscheiden.

Unabhängig von der Evolutionstheorie bleibt der Mensch Ebenbild Gottes und kann sein Leben in der Gewissheit führen, dass er in eine Schöpfung integriert ist und niemals vor einem Nichts stehen wird.

Die **theologische Botschaft der Schöpfungstexte** lautet also: Die Genesistexte sprechen von Gott als dem Schöpfer der Welt, womit die **geistige Verursachung** der Schaffensprozesse gemeint ist. Da Kosmos und Natur aus sich selbst heraus keine göttlichen Wesen sind, verweist die Aussage „Machet euch die Erde untertan" (Gen 1,28b) auf die Freigabe der Welt zur Erforschung durch den Menschen. Mit den Schöpfungsberichten wird eine Heilsbotschaft weitergegeben, die die Erschaffung der Welt als Gottes Werk verkündet. Das Weltliche wird um die Dimension des Göttlichen erweitert, die das mechanistische Prinzip der Entstehung des Kosmos übersteigt. Somit ergibt erst die Verbindung der immanenten und transzendenten Anteile der Welt die allumfassende Wirklichkeit, von der unsere Existenz getragen wird. In den Schöpfungsberichten und anderen biblischen Texten kommt diese Daseinsform als Verhältnis von **Immanenz*** und **Transzendenz*** zum Ausdruck. Zwischen diesen Polen verläuft die Schöpfung als *„creatio continua"* im evolutionären Sinne.

9.3.4 Kurt Hübner: Die biblische Schöpfungsgeschichte im Licht moderner Evolutionstheorien

Kurt Hübner stellt in seinem Aufsatz „Die biblische Schöpfungsgeschichte im Licht moderner Evolutionstheorien“[1] über das Verhältnis von biblischem Mythos und wissenschaftlicher Weltdeutung folgende Überlegungen vor:

Im Rahmen der kosmologischen Weltformel wird der **Urknall** als der Anfangspunkt der Entstehung des Weltalls angenommen. Mit dem Urknall meint man, einen Hinweis auf die biblische Vorstellung von der Schöpfung aus dem Nichts bzw. dem Chaos an der Hand zu haben.

Eine Synthese aus physikalischer Kosmologie* und biblischen Schöpfungsaussagen ist allerdings nicht unproblematisch, zumal die Theorie über die Urexplosion nicht mehr als eine Hypothese* bzw. unwissenschaftliche Extrapolation* darstellt.

Um zu sehen, ob allein die Kosmologie die Entstehung des Universums zutreffend beschreibt und die Schöpfungsgeschichte somit zurückgewiesen werden müsste, ist es notwendig, die empirischen Voraussetzungen zu klären, auf denen die Kosmologie beruht: Das **Kosmologische Prinzip** und das Weltsubstrat* sind als Postulate beide der Erfahrung nicht zugänglich. Vielmehr stellen sie deren Voraussetzungen dar. Es sind also metaphysische Grundlagen, die über den Inhalt der Kosmologien wie über ihre empirischen Überprüfungen entscheiden. Auch mit dem Mythos wird ein Erfahrungssystem beschrieben, das auf „apriorischen“ Kategorien beruht, die das empirisch Vorhandene ordnen und deuten. Somit lässt sich mit Hübner ableiten, dass – obwohl die Kosmologie und die Schöpfungsgeschichte von der Existenz eines Kosmos sprechen –, ihre apriorischen Voraussetzungen nicht miteinander vereinbar sind. Da aber apriorische* Voraussetzungen weder bewiesen noch widerlegt werden können, kann auch nicht gesagt werden, ob die kosmologische oder die mythische Erklärung im Recht ist. Wir haben hier **verschiedene Entwürfe über die Wirklichkeit** vorliegen, sodass der christliche Wissenschaftler sowohl an die Erschaffung der Welt durch Gott glauben kann als auch an deren Entstehung durch den Urknall.

Eine Bestätigung findet diese These, wenn die Komponente der Zeit mit in die Überlegung einbezogen wird. Die Schöpfungstage sind vom mythisch-religiösen Charakter geprägt, nicht vom metrischen. Die Urereignisse folgen keiner mechanisch messbaren Zeit, sondern lassen sich eher als Werden und Vergehen beschreiben, ähnlich wie es nicht um sechs Uhr Tag und um fünf Uhr noch Nacht ist, sondern das eine aus dem anderen entsteht. Hier löst sich der Widerspruch zur Kosmologie auf und es gibt zumindest in formaler Hinsicht Berührungspunkte zwischen dem **Zeitbegriff** der Physik und demjenigen der Schöpfungsgeschichte.

1 KURT HÜBNER: Die biblische Schöpfungsgeschichte im Licht moderner Evolutionstheorien, in: Naturwissenschaft und Glaube, hrsg. von Helmut A. Müller, Bern 1988, S. 173–193.

9.3.5 Bruno Vollmert: Grenzen naturwissenschaftlicher Erkenntnis

Nach der Darstellung des Naturwissenschaftlers Bruno Vollmert (geb. 1920) über die „Grenzen naturwissenschaftlicher Erkenntnis"[1] zielt **menschliches Erkenntnisstreben** auf die Suche nach Wahrheit und Wirklichkeit, indem es nach der Entstehung der Welt und des Lebens forscht. Menschen fragen auf diesem Weg nach dem **Sinn des Lebens** und nach den Möglichkeiten für die Verwirklichung von Hoffnung, Glück, Liebe, Vertrauen, Tod und Weiterleben. Physik und Biologie vertreten ihre Forschungsmodelle über den Ursprung des Kosmos und des Lebens auf materialistisch-positivistischer Grundlage; Religion und Theologie verweisen auf die metaphysisch-ideellen, geistigen Ursprünge der Schöpfung.

Die naturwissenschaftliche Forschung definiert Wirklichkeit als einen Zustand, der reproduzierbar, mess- und beobachtbar und vom Forscher unabhängig, also objektiv ist. Überlegungen, die den Sinn des Lebens betreffen, sind experimentell nicht zu beantworten und von daher unwissenschaftlich. Das schließt nicht aus, dass auch Wissenschaftler sich eingehend mit diesen Fragen beschäftigen, aber sie gehören nicht zum methodischen Handwerkszeug ihrer Forschung.

Im Verhältnis zwischen christlicher Lehre und wissenschaftlicher Erforschung der Wirklichkeit ist entscheidend, ob wir als **Grenze der Erkenntnismöglichkeit** diejenige Linie ansehen, die durch messende Beobachtung aufgezeigt ist, oder ob wir anerkennen, dass es ein Jenseits dieser Grenze gibt. Diese Anerkennung schließt dann auch ein, dass das Jenseits den gleichen Wirklichkeits- und Wahrheitsgehalt hat wie die Welt, in der wir leben.

1 BRUNO VOLLMERT: Grenzen naturwissenschaftlicher Erkenntnis, Radiovortrag im Südwestfunk vom 17. und 18. Juni 1987.

Zusammenfassung: Der Mensch zwischen Schöpfung und Evolution

- Das Verhältnis von Evolution und Schöpfung ist als Gedanke von der Höherentwicklung der Arten sowohl biblisch als auch naturwissenschaftlich zu vertreten (Ben-Chorin).
- Die fortgesetzte Schöpfung *(creatio continua)* entspricht der Evolution, da beide auf Zukunft ausgerichtet sind. Theologisch gesprochen verweist die Evolution auf das Reich Gottes (Moltmann).
- Der Schöpfungsgedanke drückt die Abwendung vom materialistisch-mechanistischen Weltbild der Evolution aus, indem der Mensch als Geistwesen das Ebenbild Gottes und als solches in die Schöpfung integriert ist. Die Schöpfung vermittelt keine Lehre, sondern eine Heilsbotschaft, mit der das geistige Element der Schöpfung zur Sprache gebracht wird (Thürkauf).
- Schöpfung und Evolution sind verschiedene Blickwinkel einer Wirklichkeit (Hübner).
- Die Schöpfung verweist auf den geistig-ideellen-metaphysischen Wirklichkeitsbereich des Daseins. Mit der Evolution kommt der mechanistisch-kausale Wirklichkeitsbereich des Daseins in den Blick. In beiden Bereichen muss die Grenze der Erkenntnismöglichkeit berücksichtigt werden (Vollmert).

9.3.6 Marie-Josef Teilhard de Chardin: Gott und die Evolution

Für den Theologen und Naturwissenschaftler Marie-Josef Pierre Teilhard de Chardin (1881–1955) war die Evolution von Natur und Kosmos ein bedeutsames Arbeitsfeld. Es lag in seiner Absicht, die Erkenntnisse der Naturwissenschaften mit den Anschauungen der Theologie zu verbinden. Die **Einheit der Wirklichkeit** ergab sich für ihn daraus, dass er Gott als den Gott der Evolution betrachtete, der sich in der „Naturgeschichte des Kosmos“ und der „Geistesgeschichte der Menschheit“ ereignet. Er folgte dabei einem Entwicklungsdenken, das Entwicklung von der Materie und vom Leben, also „von unten“ her, und nicht „von oben“, von der göttlichen Idee ausgehend, betrachtete. Entwicklung zeigt sich so als eine Auf- und Vorwärtsbewegung auf Gott zu bzw. zu Gott hin. Damit ist Teilhard de Chardins Entwicklungsverständnis offen für die Zukunft und ihre Vollendung. Nach dieser Sichtweise ist auch der Mensch ein werdendes Wesen. Evolution strebt auf den Geist und die Vollendung des Weltalls hin. Das Höchste, was die Menschen hier als Erfüllung erwarten können, ist Christus, der Vollender des Geistig-Personalen.

Die moderne Naturwissenschaft steht also nicht im Gegensatz zur Offenbarung, sondern sie führt vielmehr zum Christentum hin. Dass Gott in der Evolution ist, heißt für Teilhard de Chardin: Innerhalb des Evolutionsprozesses **wirkt Gott von innen** als

Formalursache für die Evolution. Er treibt die Schöpfung evolutionär-dynamisch voran. Gott als Gott der Evolution ist zugleich auch der **Gott von vorn.** Das heißt, dass er der „Erste Beweger" der Welt ist, der die Schöpfung „von vorn" zu sich heranzieht.

9.3.7 Alfred North Whitehead: Gott und die Evolution in der Erklärung der Prozesstheologie

Ging es in Teilhard de Chardins Denken um den Zusammenhang von Theologie und Naturwissenschaft, so zeigt sich im Denken des englischen Philosophen und Mathematikers Alfred N. Whitehead (1861–1947) eine Verbindung von Philosophie und naturwissenschaftlichem Denken, wenn er die ganze **Natur als einen Prozess** versteht, in dem kleinste Einheiten oder Ereignisse in Werdeprozessen zusammenwachsen.

Whiteheads **Gottesverständnis** lässt sich als „metaphysische Rationalisierung" bezeichnen, da er ein Werden Gottes rational zu rechtfertigen sucht. Er denkt Transzendenz und Immanenz Gottes, Gott und Welt zusammen. Religion ist eine Religion im Werden, Gott ist ein Gott im Prozess und die Welt ist eine Welt im Übergang. Ist Gott derjenige, „welcher der Grund ist, der dem Übergang vorausgeht, so muss er begrifflich alle Möglichkeiten von physikalischem Wert einschließen." Dabei kommen Gott zwei Naturen zu, nämlich die „ursprüngliche" und die „nachfolgende". Mit der „ursprünglichen Natur" meint Whitehead „Gottes unbeschränkte Verwirklichung des absoluten Reichtums aller Möglichkeiten". Unter „nachfolgender Natur" ist Gottes „Verwirklichung der aktuellen Welt in der Einheit seiner Natur" gemeint. Der Reichtum dieser Möglichkeiten ist in der Welt, wenn auch auf unvollständige Weise, realisiert.

Gott und Welt treffen zusammen in der Liebe Gottes, einem Gott, der das Leiden der Menschen versteht, einem Gott, der die zarten Elemente in Ruhe und in Liebe wirken lässt. Gott ist als dialektische Einheit Beständigkeit im Fluss und Fluss in Beständigkeit. Das heißt: Die Wirklichkeit, wie sie sich als Gottes ursprüngliche Natur darstellt, erfordert **Fließen als ihre Erfüllung.** In der Umkehrung kann man sagen: Gottes nachfolgende Natur, die Wirklichkeit im Fließen darstellt, erfordert **Beständigkeit als ihre Erfüllung.** Aus der Verbindung von fließender Welt und Gottes Beständigkeit ergibt sich die **Einheit von Gott und Welt,** die sich so gegenseitig vollenden.

Whitehead schließt sein Buch „Prozess und Realität" mit den folgenden „Antithesen" zur Bestimmung des Verhältnisses von Gott und Welt ab:

> Es ist genauso wahr zu sagen, daß Gott beständig ist und die Welt fließend, wie zu behaupten, daß die Welt beständig ist und Gott fließend ...
> Es ist genauso wahr zu sagen, daß Gott im Vergleich mit der Welt höchst wirklich ist, wie zu behaupten, daß die Welt im Vergleich mit Gott höchst wirklich ist.
> Es ist genauso wahr zu sagen, daß die Welt Gott immanent ist, wie zu behaupten, daß Gott der Welt immanent ist.
> Es ist genauso wahr zu sagen, daß Gott die Welt transzendiert, wie zu behaupten, daß die Welt Gott transzendiert.
> Es ist genauso wahr zu sagen, daß Gott die Welt erschafft, wie zu behaupten, daß die Welt Gott erschafft.

Aus: Alfred N. Whitehead: Process and Reality, dt. Prozeß und Realität, Suhrkamp Verlag: Frankfurt 1995, S. 621 [aus rechtlichen Gründen in alter Rechtschreibung].

9.3.8 Die Metaphysik der Schöpfung

Metaphysik will zur Vernunfterkenntnis hinführen. Hinsichtlich der Schöpfung ist damit gesagt, dass sich der Mensch die Frage nach seiner Herkunft und dem Ursprung der Welt stellt. Warum gibt es mich und warum existiert die Welt, wenn sie doch genauso gut auch nicht da sein könnte? – Was ist der **Grund für das Dasein der Menschen und der Welt?**

In diesen Fragen treffen die Kontingenzerfahrungen* der Menschen, dass nämlich das, was da ist, auch nicht da sein könnte, mit dem tatsächlichen Vorhandensein der Dinge aufeinander. Der Grund für die Existenz dessen, was vorhanden ist, liegt somit in seiner Freiheit, existieren zu wollen. In diesem „Willen zur Existenz" liegt der Sinn des Menschseins und der geschöpflichen Weltwirklichkeit. Erst dieses Verlangen nach Sinn begründet die Vernunft, sodass sich sagen lässt, die Metaphysik der Schöpfung meint die Einheit von Sein, Freiheit und Vernunft als den Ursprung der Welt.

Zusammenfassung: Das Verhältnis von Evolution und Schöpfung

Die **Evolutionstheorie** stellt die Frage: „*Wie* ist der Mensch entstanden?“, die **biblische Vorstellung** von der Schöpfung stellt die Frage: „*Was* ist der Mensch?“ Nach der Evolutionstheorie ist der Mensch auf natürliche, biologische Weise entstanden. Biblisch gesehen fragt er über seine endliche Begrenzung hinaus und findet Anfang und Ende im Schöpfer. Gen 1, 1–2, 4 a umfasst die Motive der Schöpfung, der Menschwerdung, der gleichgeordneten Stellung zwischen Frau und Mann sowie Motive der Grenzüberschreitungen des Menschen und seiner Freiheit. Die Frage: „Was ist der Mensch?“ wird hier mit **ethisch-religiösen Qualitätsmerkmalen,** nämlich seiner Würde und Verantwortung, seiner Beseeltheit, seiner Partizipationsfähigkeit am Geist Gottes und seiner Bestimmung zur Gemeinschaft beantwortet.

Die Aussagen, die die beiden Schöpfungsberichte dabei über die Entstehung der Welt und des Menschen machen, spiegeln das **Weltbild** derjenigen Menschen wider, die zu dieser Zeit lebten; sie stellen aber keine ein für alle Mal gültige dogmatische Lehre von der Hervorbringung des Kosmos und des Menschen auf.

Mit der **naturwissenschaftlichen Durchdringung der Welt** und der damit verbundenen Änderung des Welt- und Menschenbildes wurden die biblischen Schöpfungsaussagen zwar biologisch und physikalisch als falsch erwiesen, ihr ethisch-religiöser Aussagegehalt bleibt jedoch sowohl in Verbindung mit der Evolutionstheorie als auch auf der Grundlage unseres modernen Weltbilds relevant.

Die Schöpfung ist die geistig-ideell-metaphysische Bewegung des Lebens. Die Evolution meint seine natürlich-biologische Entfaltung, die auch als eine Bewegung zu Gott hin verstanden werden kann. Gott als einen Gott im Werden zu betrachten, wie es die Prozesstheologie tut, meint dann, dass der **Sinn der Evolution** in einem Urgrund liegt.

Schöpfung und Evolution berühren somit existenzielle Fragen, die nur in der **Zusammenschau beider Wirklichkeitsbereiche** beantwortet werden können.

10 Naturwissenschaft und Religion im Gespräch

10.1 Gründe für die ursprüngliche Trennung von Naturwissenschaft und Religion

Die Gründe für eine Trennung von Naturwissenschaft und Theologie liegen in den **Unterschieden ihrer Methoden,** der Art und Weise wie sie die Weltwirklichkeit wahrnehmen und in ihren Zielen. Wenn die jüdisch-christlichen Vorstellungen von der Transzendenz Gottes sprechen, dann wird Gottes „Ort" damit jenseits der Natur angesiedelt, wodurch er für die naturwissenschaftliche Wirklichkeit nicht mehr fassbar ist.

Die **Entstehung des Universums** wird von den Naturwissenschaften auf der Grundlage kausaler Zusammenhänge erklärt; in der Theologie durch einen göttlichen Schöpfungsakt. Indem die Theologie davon ausgeht, dass Gott der letzte Grund für die Kausalitäten der Naturereignisse ist, weist sie auf, dass Gott an der Entstehung der gesamten Welt beteiligt ist. Er ist aber nicht mit den Naturvorgängen gleichzusetzen, sondern ist ihnen vielmehr transzendent. Naturwissenschaftliche und religiöse Wahrnehmungsebenen sind hier getrennt. Die Aussagen des Schöpfungsglaubens bleiben damit für naturwissenschaftliche Erklärungen unzugänglich. Vor dem Hintergrund dieser Trennung erforschen die Naturwissenschaften z. B. die Entstehung der Planeten, des Lebens und der Menschen; die Orientierung und den Sinn des menschlichen Lebens in dieser Welt deckt der Glaube an Gott auf. Mit dieser gegenseitigen Immunisierung würden sich aber die Offenbarungsgehalte und der Glaube nicht in das moderne Weltbild integrieren lassen, da so weder die offenbarten Naturereignisse noch die kausal erklärten Naturvorgänge irgendeinen Bezug zueinander entfalten können. Würde die Trennung zwischen Naturwissenschaft und Glauben aufrechterhalten, blieben z. B die Frage nach Gottes Handeln in der Welt, die Aussagen der Genesis über die Entstehung der Welt sowie die Frage nach der Notwendigkeit einer Ethik unbeantwortet. Insbesondere in Anbetracht der ökologischen Umweltprobleme oder der Gentechnologie kann die Trennung zwischen Naturwissenschaft und Religion nicht vorgenommen werden. Deshalb müssen die Vergleichsmöglichkeiten hinsichtlich ihres Anliegens, ihrer Methode und ihres Wahrheits- und Wirklichkeitsverständnisses dazu dienen, zu konkreten Handlungsformen in der alltäglichen Lebenswelt der Menschen zu finden, die sich sowohl aus wissenschaftlicher als auch aus religiöser Sicht komplementär* einlösen lassen.

10.2 Die Konfrontation zwischen Naturwissenschaft und Kirche im Mittelalter

In seinem Aufsatz „Die naturwissenschaftlich-technische Welt und die Theologie“[1] stellt der Pfarrer Helmut Aichelin zur Gesprächssituation zwischen beiden Bereichen die folgenden Überlegungen vor: Die Naturwissenschaft musste sich zunächst von den geltenden Weltbildern der Bibel und den kirchlichen Lehren lösen.

- Im **Mittelalter** ließ die Geschlossenheit der theologischen Lehre im Rahmen der Scholastik, hauptsächlich vertreten durch ihren theologischen Lehrer THOMAS VON AQUIN, eine naturwissenschaftliche Forschung gegen die Dogmen von Theologie und Philosophie nicht zu.
- Auch die **Reformation,** mit der die Bibel zum beherrschenden Maßstab für den Glauben wurde, ließ kaum Freiräume für ein wissenschaftliches Erkenntnisinteresse.
- Die im Protestantismus des **17. Jahrhunderts** vertretene Lehre von der „Verbalinspiration“, nach der Gott den Verfassern der Bibel jedes Wort eingegeben bzw. „diktiert“ hatte, verwehrte sogar die Erforschung und Berichtigung der in der Bibel enthaltenen naturwissenschaftlichen Aussagen.

Von diesen Autoritäten musste sich die Naturwissenschaft erst befreien, bevor sie ihren eigenen Erkenntnisansatz verfolgen konnte.

Dieser Erkenntnisansatz der Naturwissenschaften bestand hauptsächlich in einem Verständnis von Wirklichkeit, das nicht mehr nach dem Sinn des Ganzen, sondern nach seiner **Funktionsweise** fragte. Man wollte die Gesetze hinter den Naturerscheinungen kausal erklären, experimentell überprüfen, mathematisch fassbar machen und ihre Allgemeingültigkeit herausstellen. Mit den Forschungserfolgen, die sich anhand dieser empirischen Methode einstellten, begründete sich das, was seither als Wissenschaft verstanden wird. Diese Form der Wissenschaftlichkeit bedeutete aber auch, dass der Weg des Erkennens von der Anschauung in die gedankliche Abstraktion führte. Die Erfahrungen, die wir durch unsere Sinneswahrnehmungen machen, wurden von jetzt an in Formeln ausgedrückt, sodass die Sprache der Mathematik zum Ausdruck für das Ursache-Wirkungsverhältnis der Natur sowie der logischen Begrifflichkeiten des menschlichen Denkens wurde. Durch die Anerkennung der Ratio, der RENÉ DESCARTES in seiner Formel *„cogito, ergo sum“* das einzig Unbezweifelbare am menschlichen Wesen zusprach, erfasste der Mensch sich selbst als denkendes Wesen, das auch die Natur als Objekt seines Denkens versteht.

1 HELMUT AICHELIN: Die naturwissenschaftlich-technische Welt und die Theologie, Evangelische Zentralstelle für Weltanschauungsfragen, Information Nr. 75, XII/78, Stuttgart 1978.

Die Erschließbarkeit der Natur durch die Naturwissenschaft und die Formulierung ihrer Ergebnisse in der Sprache der Mathematik führte dazu, dass Descartes' Wahrheits- und Wirklichkeitsverständnis sich allein an der Mathematik orientierte. Mit diesem Wahrheitsideal wurde die Trennung zwischen dem denkenden Subjekt und den Objekten der Natur gefestigt. Der Mensch stand somit in einer Distanz zur Natur, aus der heraus er sie als Objekt betrachtete, d. h. über das er herrschen konnte, um ihm alles Geheimnisvolle zu entwenden. Der Mensch sah sich selbst zugleich als denkendes Wesen und als **Objekt** der Natur, sodass er sich auf der Grundlage der mathematischen Gesetze zu einer berechenbaren Maschine machte.

Dadurch wurde das durch die Antike geprägte biblische Welt- und Naturbild infrage gestellt; der Wirklichkeitsdeutung der Natur als Schöpfungstat und Offenbarung Gottes stand jetzt die Deutung durch die Kausalität der Naturvorgänge gegenüber. Die Theologie reagierte darauf mit dem Versuch, das geoffenbarte Weltbild der Bibel mit den Erkenntnissen der naturwissenschaftlichen Forschung in Einklang zu bringen, indem sie die **Lücken der naturwissenschaftlichen Erklärungsversuche durch Gottes Wirken schloss.** Mit den fortschreitenden wissenschaftlichen Erkenntnissen verengte sich der Raum, der dem göttlichen Wirken überlassen wurde, jedoch immer mehr.

Auch der Weg, **alle Existenzfragen der Theologie zuzuweisen** und die Erforschung der Natur allein den Naturwissenschaften zu überlassen, scheiterte. Denn auf diese Weise wurde die Wirklichkeit in zwei Bereiche geschieden, wobei der fehlende Bezug zwischen ihnen ein Erklärungsdefizit für die Gesamtheit der Wirklichkeit hervorrief.

10.3 Folgen christlicher Dogmatik und naturwissenschaftlicher Objektivierung für das Naturverständnis

Im Gespräch zwischen Naturwissenschaft und Theologie muss die Frage der Theologen an die Naturwissenschaftler gestellt werden, ob die objektivierende, also verfügende Behandlung der Natur durch den Menschen der Grund für ihre mögliche Zerstörung ist. Hier sind sowohl die **geistesgeschichtlichen Folgen des Christentums** nach Gen 1, 28b „seid fruchtbar und mehret euch und füllet die Erde und macht sie euch untertan" als auch die Folgen der **physikalisch-objektivierenden Naturbetrachtung** zu diskutieren.

Auf der anderen Seite müssen sich die Christen fragen lassen, inwieweit sie bereit sind, das moderne Bewusstsein zu vollziehen, also die **religiöse Wahrheit in den Bezug zur Moderne zu stellen**. Die Weisen der „Weltverkürzung" durch die Naturwissenschaft und die „Weltfremdheit" einer dogmatischen Theologie können so ins Gespräch eintreten. Der Bau der Atombombe, die Kernspaltung, die Bio- und Humangenetik sowie die Ökologie geben Anlass zur Diskussion über die Verantwortung der Wissenschaftler und ihrer Wissenschaft.

Dabei zeigt sich auch, dass die **Wissenschaft nicht wertneutral** ist, denn z. B. bei der Atomenergie, bei Organtransplantationen oder bei der Humangenetik treten ethische Fragen nicht erst mit der Anwendung auf. Sie müssen bereits am Anfang des naturwissenschaftlichen Erkenntnisprozesses gestellt werden. Die „reine" Naturwissenschaft birgt jedoch einen „methodischen Atheismus"[1], indem dem sie nicht mehr nach dem Sinn einer Sache fragt, sondern allein nach dem Funktionieren.

Der herrschaftliche Umgang mit der Natur, der durch eine einseitige Auslegung des biblischen Schöpfungsauftrags (Gen 1,28) gerechtfertigt wurde, ist in der christlichen Geistesgeschichte zur Quelle für ein Mitverschulden an der ökologischen Krise geworden. Unter theologischer Perspektive muss ein **neues Verständnis der Natur** und ein verbessertes Verhalten zu ihr praktiziert werden. Voraussetzung dafür ist zunächst die exegetische* Klärung von Gen 1,28: „Gott segnete sie und Gott sprach zu ihnen: Seid fruchtbar und vermehrt euch, bevölkert die Erde, unterwerft sie euch und herrscht über die Fische des Meeres, über die Vögel des Himmels und über alle Tiere, die sich auf dem Land regen." Von einem ausbeuterischen Herrschaftsanspruch kann keine Rede sein, da die Stelle sowohl mit Gen 1,27: „Und Gott schuf den Menschen nach seinem Bilde, nach dem Bilde Gottes schuf er ihn; als Mann und Weib schuf er sie" als auch mit Gen 2,15: „Und Gott der Herr nahm den Menschen und setzte ihn in den Garten Eden, dass er ihn bebaue und bewahre" in Verbindung zu sehen ist. Zum anderen sind diese Worte in Parallelität zum sakralen Königtum formuliert, das durch das Wohl für den königlichen Herrschaftsbereich und die in ihm lebenden Untergebenen gekennzeichnet ist. Der König war dabei Mittler des Segens. Die Schöpfungserzählung spricht also von der Verantwortung der Menschen für das Wohl der Geschöpfe, nicht von Ausbeutung und Raubbau.

Eine **Theologie der Natur** kann in den Dialog mit den Naturwissenschaften dementsprechend die **Neubesinnung auf das Verhältnis zwischen Mensch und Natur** einbringen. In seiner alltäglichen Erfahrung erlebt der Mensch die Folgen objektivierender Erkenntnis und dogmatisch verfasster Lehrsätze. Beide Systeme gilt es aus ihrer Verschlossenheit aufzubrechen, um zu einer dialogischen Begegnung zu gelangen. Besonders auf dem Feld der wissenschaftlich-technischen Weltbewältigung kann die

1 HELMUT AICHELIN: ebd., S. 17.

Theologie sich den Erfolgen, die daran geknüpft sind, nicht mehr verschließen, aber sie kann daran festhalten, dass sie eine tiefere Wahrheit über Mensch und Welt vertritt, als sie im naturwissenschaftlich-technischen Denken möglich ist. Dennoch darf daraus kein Triumph der Theologie abgeleitet werden. Vielmehr geht es um die gemeinsame Frage, wie die Subjekthaftigkeit von Welt und Mensch im gemeinsamen Bemühen wiederzugewinnen ist.

10.4 Mathematisierung und Rationalität – Lebenswelt und Mensch

In einem Gespräch zwischen Naturwissenschaft und Religion kann die Frage nach den **Möglichkeiten** und **Grenzen,** den Erfolgen und Misserfolgen objektiv-rationaler Naturbetrachtung nicht ausbleiben. Es muss darum gehen, die Voraussetzungen des naturwissenschaftlichen Wissenschaftsverständnisses und dessen Folgen zu hinterfragen. Die erste entscheidende Frage ist, ob es gerechtfertigt sein kann, den Maßstab der Objektivität zum allgemein gültigen Wahrheitsprinzip zu erheben.

Mit diesem positivistischen* Begriff der Wissenschaftlichkeit wurden alle Fragen ausgeblendet, die man gemeinhin als die „letzten" Fragen z. B. nach Gott, Freiheit und Unsterblichkeit, nach dem Woher, Wofür und Wohin des Lebens bezeichnet. Können und wollen objektiv-quantitative* Verfahren der Wissenschaft darauf antworten? – Welchen Beitrag können demnach Metaphysik und wissenschaftliche Rationalität zur Lebensgestaltung leisten? – Ist Leben durch Kriterien wie Messbarkeit, Überprüfbarkeit und damit einhergehender Objektivierung greifbar? – Bei allen Überlegungen in diesem Rahmen geht es letztlich um den **Sinn des Menschseins** und die Erwägungen, welchen Beitrag dazu wissenschaftliches und philosophisch-religiöses Denken leisten kann.

Die Natur wurde durch die Anwendung messender Verfahren zu einem geometrisch-idealisierten Körper, zur abstrakten Gestalt eines mathematischen Universums. Der Preis, der dafür bezahlt werden musste, war der Verlust der vorwissenschaftlich-sinnlichen Erfahrungswelt und die Ausblendung subjektiver Auffassungen lebensweltlicher Prägung gegenüber der objektiven Bestimmbarkeit und Konstruktion berechenbarer und messbarer Welterkenntnis. Die quantitative Exaktheit* wurde zum Maßstab, nicht die subjektiv-empirische* Anschauung der Welt. Die Mathematisierung der Welt drückt sich als methodische Objektivierung in Zahlenformeln aus. Mit ihnen ist es möglich, für jeden, der daran interessiert ist, Ergebnisse des Forschens in zwingender Logik zu begründen. Es besteht jedoch die Gefahr, in diesen Formeln vermeintlich das wahre Sein der Natur erfassen zu wollen und mit der Formelwelt, wie sie ihre Anwendung z. B. in der Technik findet, einer formal-idealisierten Sinnentleerung der Wirklichkeit den Weg zu bereiten. Damit wäre ein rein methodisches Vorgehen zur Quelle des wahren Seins erhoben worden um den Preis einer subjektiven lebensweltlichen Orientierung. Die Verwandlung einer ursprünglichen, originären Sinnbildung zu einer objektivistisch-idealistischen und deren Folgen wäre hier ein notwendiger Gesprächsanlass. Dabei geht es um Überlegungen, wie eine Lebenswelt zurückzugewinnen ist, die als **kritisches Korrektiv** gegenüber dem physikalischen und mathematischen Rationalismus auftritt. Es müssen Ansätze zur Überwindung der Dualität* von Objektivismus und Subjektivität aufgezeigt werden, deren Ziel es ist, **Subjektivität und Lebenswelt als Sinnesfundamente für menschliches Denken und Handeln** unter Rückbindung an die Voraussetzungen objektiver Wirklichkeitserkenntnis neu zu begründen.

10.5 Die quantenmechanische Wende in der Physik

Mit der Entdeckung der Quantenmechanik* bahnte sich zu Beginn des 20. Jahrhunderts eine Wende im Wirklichkeitsverständnis der Naturwissenschaft an. Mit den Erkenntnissen des Quantenphänomens zeigte sich, dass eine totale **Objektivierung der Wirklichkeit nicht mehr möglich** ist. Die Natur kann nicht unabhängig vom menschlichen Erkenntnisprozess der Beobachtung unterzogen werden, da sie nur singuläre Messergebnisse liefert, die wir mithilfe unseres Verstandes zu Gesetzmäßigkeiten verbinden. In der Quantenphysik zeigen sich jedoch einander ausschließende Gesetzmäßigkeiten, wovon das bekannteste die Doppelnatur des Elektrons ist, das einmal als Teilchen, ein andermal als Welle auftreten kann. Die Erschließung der Naturgesetze zeigt sich abhängig vom Experiment, somit vom Experimentator, der sich ausschließende Antworten über die Naturgesetze erhält, je nach den Fragen, die er mit dem Aufbau seines Experiments intendiert. Die **Realität entzieht sich also einer objektiven Festlegung in Raum und Zeit** und erweist sich lediglich als Antwort auf die Fragen, die der menschliche Geist an sie stellt. Somit begegnet der Mensch in seinem Forschen nur sich selbst.

Die Erkenntnismöglichkeiten der Physik weisen also den Charakter der Komplementarität auf: erst die Ergänzung der aufgespaltenen Phänomene von Teilchen und Welle würde eine eindeutige Erkenntnis der physikalischen Größe Elektron ermöglichen. Aufgrund der Unbestimmbarkeit ihres Impulses und ihres Ortes ist diese gleichzeitige Messung jedoch nicht möglich. Der „Zufall" ist in die Physik eingezogen. Anstelle der Kausalität wurde die mathematische Statistik zum Erkenntnisphänomen. Dieses Phänomen ist in Modellen fassbar, die an der Wirklichkeit teilhaben, ohne mit ihr identisch zu sein, da sie nur einen begrenzten Bereich der Wirklichkeit widergeben. Die Ergebnisse einer experimentell erfolgten Messung ermöglichen vor diesem Hintergrund keinen Weg in die objektive Realität, da mit der Entscheidung über die Art und Weise der Messung eine subjektive Fragehaltung in den Messvorgang eingeht. Eine objektive Kenntnisnahme des Systems ist damit ausgeschlossen, denn sie ist von der Methode der Beobachtung abhängig.

Als **erkenntnistheoretischer Diskussionsansatz** ergibt sich daraus die Überlegung, dass nur die Funktion und die Erscheinung eines Dings allein seinen Sinn nicht ausmachen kann, sondern dass erst die **Wahrnehmung seiner Mehrdimensionalität** sein Wesen charakterisiert. In jede Erkenntnis über einen bestimmten Gegenstand gehen jedoch immer auch die Voraussetzungen und Fragestellungen mit ein, die der **subjektive Betrachter** mitbringt.

10.6 Annäherung der Methoden in Naturwissenschaft und Religion

Wissenschaftstheoretische Überlegungen, wie sie vor allem von KARL POPPER angestellt wurden, haben die Vorläufigkeit und Widerlegbarkeit naturwissenschaftlicher Erkenntnisse gezeigt (vgl. 5.2.1). Sie sind nie eindeutig verifizierbar. Durch den Prozess der ständigen Überprüfung wissenschaftlicher Theorien kommt es zur Höherqualifizierung der wissenschaftlichen Erkenntnisse.

Auch die Theologie kann die **Methode der ständigen Korrektur** für sich einsetzen und z. B. überkommene Gottesbilder auf ihre Aktualität hin überprüfen. Ein überliefertes männliches Gottesbild darf um die weibliche Dimension erweitert werden, dem Bild vom strafenden Gott muss das Bild des liebenden Gottes gegenübergestellt werden. Dadurch erfüllt die Theologie ihre Aufgabe, den Anspruch Jesu immer wieder neu herauszuarbeiten und sich dem Verständnisbedürfnis gegenwärtiger Menschen zu öffnen.

Vor diesem Hintergrund muss sowohl der wissenschaftlichen Theorie als auch der theologischen Erkenntnis daran gelegen sein, ihren **Wahrheitsanspruch zu verbessern,** um aus dem Gottesverständnis und der Lehre Jesu lebenspraktische Konsequenzen zu ziehen. Letztendlich wäre zu fordern, die kausal-wissenschaftliche Seite der Erkenntnisse über das Leben mit der existenziellen Frage nach dem Wesen des Menschen zu verbinden: *Wie* der Mensch wurde und *was* der Mensch ist lässt sich sowohl aus naturwissenschaftlicher als auch aus religiöser Perspektive komplementär betrachten.

Ein Autor, der dem Gespräch zwischen Naturwissenschaft, Philosophie, Theologie und Kunst poetisch Ausdruck gibt, ist der Nicaraguaner Ernesto Cardenal. In seinem „Cántico Cósmico“ schreibt er:

Der Urknall
Am Anfang gab es nichts,
    weder Raum
        noch Zeit,
            Das ganze Universum verdichtet
auf den Raum eines Atomkerns,
und davor noch kleiner, viel kleiner als ein Proton,
und sogar noch kleiner, ein unendlich dichter
                                        mathematischer Punkt.
            Und es geschah der Urknall.
Die Große Explosion.
Das Universum ausgesetzt den Verhältnissen der Ungewissheit,
sein Krümmungsradius unbestimmt,
        seine Geometrie ungenau
mit dem Prinzip der Unbestimmtheit der Quantenmechanik,
Kugelgeometrie in ihrer Gesamtheit, doch nicht im Einzelnen,
unentschlossen rund wie irgendeine Kartoffel oder Batate,
ungenau und zudem sich ständig ungenau verändernd,
alles in verrückter Bewegung,
so war sie, die Quanten-Ära des Universums,
        eine Zeit, in der nichts sicher war:
selbst die „Konstanten“ der Natur noch fließende Unbestimmte,
    das heißt
        tatsächlich nur Vermutungen über die Vorherrschaft
                                            des Möglichen.
Protonen, Neutronen und Elektronen waren
                absolut banal.
Es war gerechtfertigt zu sagen, dass die Materie sich
am Anfang im Zustand völliger Auflösung befand.
    Alles dunkel im Kosmos.
Suchend
        (dem geheimnisvollen Gesang aus Polynesien zufolge),
sehnsüchtig suchend in der Finsternis,
suchend

dort am Saum, der scheidet die Nacht vom Tage,
suchend in der Nacht
empfing die Nacht den Samen der Nacht,
das Herz der Nacht existierte schon immer,
selbst in der tiefsten Finsternis,
es wächst in der Finsternis,
das pochende Mark des Lebens,
aus den Schatten schält sich ein noch so zarter Lichtstrahl,
schöpferischer Kraft,
erste Ekstase, die das Leben kennt,
voll Lust, sich zu wandeln von der Lautlosigkeit zum Laut,
und so füllte das Geschlecht des Großen Verbreiters
die Weiten der Himmel,
der Chor des Lebens hob an und erscholl in Ekstase,
dann hielt er still in einer Lust der Ruhe.
(Dies Gedicht kam aus Polynesien nach Neuseeland.)
Alles war dunkel im Kosmos.
Der Raum voll von Elektronen,
die das Licht nicht hindurchließen.
Bis die Elektronen sich vereinten mit den Protonen
und der Raum durchsichtig wurde
und das Licht sich ergoss.
Und das Universum begann
wie in dem Oratorium von Haydn.

Aus: Ernesto Cardenal: Gesänge des Universums, Peter Hammer Verlag: Wuppertal 1995, S. 11 f.

10.7 Beispiele für den praktischen Dialog: Schöpfung – Natur – Bioethik

Schöpfungstheologie, wie sie von GÜNTER ALTNER in seinem Buch „Naturvergessenheit“ aus dem Blickwinkel der Bioethik vorgestellt wird, hat zunächst die Aufgabe, den gemeinsamen Ursprung und die gemeinsame Zukunft von Mensch und Natur zu begründen, um dann sowohl in einem theologischen als auch biologischen Rahmen **ethische Handlungsperspektiven** zu entwerfen. Dass es dabei in der Wirkungsgeschichte von Gen 1,28 eine Linie gibt, mit der die Naturausbeutung als „gnadenlose Folge“[1] der jüdisch-christlichen Lehre verstanden wird, kann nicht übersehen werden. Dennoch sollte es einen Versuch wert sein, die Schöpfungstexte des Alten und Neuen Testaments auch aus einer Perspektive zu lesen, unter der sich ihr Beitrag für eine kreatürliche Beziehung zwischen Mensch und Natur entfalten lässt.

- Der biblische Begriff der Schöpfung im **Alten Testament** meint die Beziehung des Schöpfers zum gesamten Verlauf der Schöpfung und die Verantwortung des Menschen für sie. Der besondere Wert der Schöpfung liegt darin, dass sie durch die Zuwendung des Schöpfers bewirkt wurde. Das macht ihre Heiligkeit aus. Der Mensch ist zum einen endliches und sterbliches Geschöpf, was ihn mit allen anderen Kreaturen auf eine Stufe stellt; er ist aber zugleich derjenige, der in Mitverantwortung die Schöpfung bebaut und bewahrt. Seine Gottebenbildlichkeit ist nicht als Hybris im Sinne einer Gottgleichheit zu verstehen, sondern als Ausdruck dafür, dass er mit den Elementen Wind und Wasser, den Pflanzen und Tieren, Himmel und Erde gemeinsam die Schöpfung bildet. Die Welt als Schöpfung zu begreifen heißt dann, die Kreaturen, einschließlich des Menschen, mit einer Schöpfungsqualität zu versehen, die ihrem tiefen Bezug zur Wirklichkeit des Schöpfers Ausdruck verleiht.
- Im **Neuen Testament** erhalten die Schöpfungsaussagen ihre Bedeutung in der Beziehung zu Jesus Christus. So kann Paulus z. B. in 2 Kor 5,17 sagen: „Ist jemand in Christus, so ist er eine neue Kreatur; das Alte ist vergangen, siehe, es ist alles neu geworden.“ Die Welt, wenn sie als von Gott bewirktes Schöpfungswerk verstanden wird, ist somit die erneuerte Welt, in der der Mensch seinen Auftrag zur Verantwortung gegenüber der Schöpfung und allen in ihr lebenden Kreaturen wahrnimmt. In-Christus-Sein heißt frei werden von den Zwängen des Lebens, indem der Mensch Anteil am Tod und an der Auferstehung Christi hat. Diese Befreiung kommt einem Schöpfungsereignis gleich, mit dem der Mensch sich aus der Enge seines Selbstbe-

1 CARL AMERY: Das Ende der Vorsehung – Die gnadenlose Folge des Christentums, Reinbek bei Hamburg 1982.

zugs löst und frei wird für eine Liebe, die auch die nichtmenschliche Kreatur einschließt. Theologisch gesprochen entwirft der Mensch in diesem Zusammenhang sein eschatologisches* Hoffnungs- und Utopiepotenzial, das der gesamten Schöpfung gilt.

Vor diesem Hintergrund lässt sich Schöpfungsverantwortung als Fähigkeit des Menschen verstehen, mehr und anderes an der Natur wahrzunehmen als ihre messbaren Anteile. **Kreatürliche Wahrnehmung der Natur** meint den Blick auf ihren Schöpfungsstatus und die Rechte, die sich daraus für sie ableiten lassen. Seine Verantwortung gegenüber den Kreaturen, sein Auftrag zum Bebauen und Bewahren, die Verheißung der Neuwerdung und die Hervorbringung der Schöpfung durch den Schöpfer lassen keine Verfügungsgewalt über die Schöpfung, keine herrschaftsorientierte Ausbeutung zu. Aus dieser Verantwortung erwachsen **bioethische Handlungskonsequenzen,** die sich zwischen Tier- und Artenschutz bis hin zum Problem der Gentechnologie bewegen. Im Sinne eines Rechtsstatus für die Natur muss gesagt werden, dass es kein lebensunwertes Leben und keine überflüssigen Geschöpfe gibt. Das Leben ist einmalig und erhaltenswert. Auch die nichtmenschliche Kreatur hat Rechte, die zur Vertiefung des gesamten Schöpfungsverständnisses beitragen.

Wenn unter Bioethik die Ehrfurcht vor dem Leben, die Begründung eines verantwortlichen Umgangs mit Lebewesen, die Minimierung von Schmerz, Zerstörung und Tod der Kreatur, das Verhältnis des Menschen zu dieser Kreatur sowie der Schutz des ungeborenen, kranken und behinderten menschlichen Lebens zu verstehen ist, dann fußt diese Ethik auf der **Unverfügbarkeit der Lebenswelt,** die dem Menschen anvertraut ist, und es erwachsen **Handlungskonsequenzen** in den genannten Feldern. Das Bewusstsein über die Unverfügbarkeit des Lebens bringt eine Mensch-Natur-Beziehung mit sich, die sich vom anthropozentrischen zum biozentrischen Denken und Handeln wandelt, indem das Leben als ein Prozessgeschehen betrachtet wird, das nicht den Menschen, sondern die Natur in den Mittelpunkt stellt. Der Mensch ist in die Schöpfung hineingestellt, er ist der Mitwisser um den Ursprung des Lebens. Seine Mitverantwortung begründet sich aus dem Schöpfungsglauben heraus, dass sich jede Kreatur dem Handeln des Schöpfers verdankt und dass daher Menschen, Tiere und Pflanzen aus einem gemeinsamen Ursprung kommen, der ihre Gleichberechtigung und Gleichbehandlung im Schöpfungsverlauf begründet.

Damit verweist die Bioethik auf einen Lebensentwurf, der auf die Interessengleichheit zwischen den Kreaturen gerichtet ist, sich aber immer neu in der Gefahr sieht, zwischen dem langsam verlaufenden Prozess der Naturgeschichte und der Dynamik der Menschengeschichte zerrieben zu werden.

- Mit der **Gentechnologie,** also der Möglichkeit zur Veränderung des Erbgutes durch technologische Verfahren zum Zweck der Züchtung neuer Arten bis hin zum Menschen, werden die Organismen aus ihren natürlichen Zusammenhängen gerissen und die evolutionären Prozesse menschlichen Produktionsinteressen unterstellt. Aus bioethischer Sicht, der es um die Bewahrung der Entfaltungsfähigkeit des Lebens, der Sorgfaltspflicht gegenüber der Natur und den Eigenwert der nichtmenschlichen Geschöpfwelt geht, muss das oberste Handlungsziel darin liegen, das Recht auf Evolution für die Organismen der Natur zu bewahren.
- Dieser Ansatz führt auf das Feld des **Artenschutzes.** Das entscheidende Handlungskriterium sollte hier die Vermeidung von Schmerzzufügung, Tötung und gentechnischer Züchtung sein. Als Gefährte des Tieres muss der Mensch daran interessiert sein, Schmerz, Beschädigung und intendierten Tod für die Mitkreatur zu verhindern.
- Auch die **Nutztier- und Massenhaltung** zur Fleischerzeugung im Nahrungskreislauf sollte unter den Gesichtspunkten der artgerechten Tierhaltung und einer ökologisch orientierten Landwirtschaft zu Veränderungen der Ernährungsweisen, z. B. der Reduktion fleischlicher Nahrung, führen.
- Auf dem Feld der **Heimtierhaltung** muss es um die Motive und Interessen, die hier leitend sind, gehen. Die Haltung von Heimtieren verlangt die selbstkritische Prüfung nach dem Bedarf und nach den Bedingungen, denen die häusliche Umgebung unterliegt. Wohn- und Lebensumwelt müssen den Bedürfnissen der Tiere entgegenkommen, um deren Verhalten in jeder Hinsicht gerecht zu werden.
- Bei den **Tierversuchen,** deren medizinische Berechtigung aus der Notwendigkeit der Grundlagenforschung abgeleitet wird, kann der bioethische Grundsatz der Vermeidung von Leid für Tier und Mensch greifen, wenn Neuansätze und Alternativen in der Medizin- und Pharmaforschung dazu führen, die notwendigen Untersuchungen an isolierten Organen oder Zellen, an nichtbiologischen Materialien und Modellen zur Anwendung zu bringen.

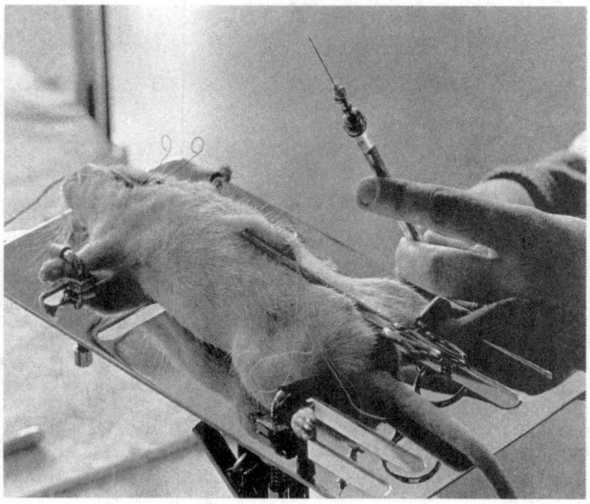

- Bioethisches Handeln im **Gartenbau** heißt, ökologisch, also im Einklang mit Mensch und Natur, zu wirtschaften. Auch wenn der Verzicht auf Biozide und Kunstdünger vorübergehend zu geringeren Erträgen führt, sollte das Bewusstsein über den Wert der Natur diesen Verzicht legitimieren.

- Für die **Landwirtschaft** ist die Übernahme dieses Prinzips ebenfalls erforderlich, auch wenn es bei der Bestellung der Felder nach wie vor um die Absatzinteressen der erzeugten Produkte geht. Die Veränderung des Verbraucherverhaltens und die Subventionierung ökologischer Anbauweisen könnten die Durchsetzung bioethischer Prinzipien flankieren.

- Da Menschengeschichte und Naturgeschichte untrennbar miteinander verbunden sind, lässt sich auch hinsichtlich des **Energieverbrauchs** der theologische Grundsatz von der menschlichen Verantwortung gegenüber der Natur insofern in Anschlag bringen, als die Übereinstimmung zwischen ökonomischen Interessen an der Natur und ihrer kosmischen Einbindung z. B. zur Reduktion der Verbrennung von fossilen Energien und des CO^2 Ausstoßes führen muss.

- In den Bereichen des Einsatzes von **Chemie und Technik** ist zu beachten, dass es um die Wahrung der ökologischen Strukturen der Natur geht, auch wenn an Chemie und Technik bestimmte Produktionsinteressen der Wirtschaft geknüpft sind. Ökologische Orientierung bzw. ökologische Reform meint in diesem Zusammenhang, die Biosphäre als einen Prozess zu begreifen, der mit der Natur untrennbar verbunden ist. Eine ökologische Entwicklungspolitik, mit der z. B. Entschuldungsprogramme für die Dritte Welt und internationale Abkommen zur globalen Lösung ökologischer Probleme beitragen, sind wohl die einzigen Wege, die den ökonomischen Ausbeutungsinteressen an der Natur entgegenwirken können.

- Bioethische Prinzipien zielen auch auf den **Menschen** direkt, wenn es darum geht, die Würde des menschlichen Lebens zu erhalten. So ist beispielsweise die Überbevölkerung Ausdruck wirtschaftlicher Verelendung, wenn die fehlende soziale Absicherung von Familien besonders in der Dritten Welt über die große Kinderzahl wettgemacht wird. Familienprogramme, die Stärkung des Ansehens der Frau, ein verbesserter Zugang zu Bildung und Ausbildung, Altersversorgung und Schuldenerlass, um dafür die Sicherung der sozialen Systeme gewährleisten zu können, sind unabdinglich. Die bioethischen Grundsätze, die auf den Menschen gerichtet sind, gipfeln schließlich in der Fürsorge- und Sorgfaltspflicht, mit der dem Grundsatz Gewicht verliehen wird, dass es kein lebensunwertes Leben gibt. Alles Leben, sei es ungeborenes, behindertes oder sterbendes, hat Anteil am Ursprung des Lebens oder theologisch formuliert an der Heiligkeit Gottes, und ist damit integraler Bestandteil der menschlichen Existenz, die keiner technischen Verfügungsgewalt unterliegt, woraus sich für die gesellschaftliche Praxis z. B. das Verbot des Gentransfers und des Klonens sowie der Leihmutterschaften ergibt. Wenn die Gesellschaft dem bioethischen Grundsatz der Minimierung von Schmerz, Leiden und Tod folgt, dann ergibt sich ein Handlungsfeld, das z. B. humangenetische und gendiagnostische Eingriffe oder Beratungen darauf bezieht, unzumutbare Leidenszustände einzuschränken und behinderte Menschen in die gesellschaftlichen Institutionen zu integrieren.

10.8 Die Frage nach den letzten Dingen in der Physik

In einem weiteren Gesprächsansatz zwischen Naturwissenschaft und Religion könnte danach gefragt werden, ob es nur in der Religion oder auch in der Physik so etwas wie eine **letzte Wahrheit,** eine objektive Realität gibt. Sind Physiker an Wahrheiten interessiert oder an Modellen, mit denen sie die Wirklichkeit der Natur erschließen? Wollen sie sagen, was wir vom Universum wissen können, oder wollen sie Auskunft über das geben, „was die Welt im Innersten zusammenhält", also über das Wesen der Welt?

Indem die Naturwissenschaft eher auf die Nützlichkeit ihrer Forschungen als auf ihre Wahrheit ausgerichtet ist, unterscheidet sie sich von der Religion und ihren unverrückbaren Dogmen. Könnte sie als kritische Instanz gegenüber der Religion wirken? Oder verlöre die Religion so ihre Überzeugungen, etwa von der Auferstehung Christi? – Die Betrachtung der Natur erschließt dem naturwissenschaftlichen Blick die „Schönheit" der Elementarteilchen und der mathematischen Gleichungen. Ihre Symmetrie macht ihre Harmonie aus. Die Logik der mathematischen Gesetze könnte der Hinweis auf einen allumfassenden Geist sein. So gesehen wäre das Universum der Ausdruck dieses allumfassenden Geistes. Es wäre das Medium für einen natürlichen Gott.

10.9 Die Dimensionen der Wirklichkeit in Religion und Naturwissenschaft

Das Gespräch zwischen Naturwissenschaft und Religion kann zu einem – vorläufigen – Abschluss kommen im Austausch über **Dimensionen der Wirklichkeit,** wie sie sich sowohl naturwissenschaftlich-faktisch als auch subjektiv-existenziell für den Menschen ergeben. Im Kreislauf zwischen Altem und Neuem, zwischen Leben und Tod steht sowohl das Neue, das sich im Universum in Form von Neubildung und Zerfall der Galaxien, Planeten und Sterne einstellt, als auch Geburt und Tod menschlichen Lebens zum Gespräch an. Hier greift die naturwissenschaftliche Kausalität nicht mehr. Das persönliche Verhältnis des Menschen zum Tod und die subjektive Seite des Leidens werden von der Naturwissenschaft ausgeblendet. Bei einem Dialog kann darüber gesprochen werden, mit welcher Wahrnehmung diese menschlichen Phänomene „gesehen" werden. So stellen Tod, Auferstehung und Hoffnung ein Potenzial christlicher Wirklichkeitsdeutung dar. Naturwissenschaftliche Fakten treten so in ein Verhältnis zu religiösen Glaubensinhalten. Mit dieser anderen Sicht der Wirklichkeit wird der Mensch in ein **umfassendes Ganzes** gestellt, in eine transzendente Dimension. Naturwissenschaft und Theologie können sich in der Arbeit an dieser gemeinsam zu verantwortenden Zukunft treffen. Die Religion beschreibt diese andere Wahrnehmung mit Metaphern, um auf etwas hinzuweisen, das nicht in Worte zu fassen ist. Auf dieser anderen Wahrnehmungsebene treten Subjekt und Objekt, Mensch und Wissenschaft, in eine gegenseitige, personale Beziehung. So finden Naturwissenschaft und Religion ihre Berührungspunkte im Wunsch nach **Orientierung für die Entwicklung des Einzelnen** und in der **Verantwortung für die Welt.**

„Das schönste Glück des denkenden Menschen ist,
das Erforschliche erforscht zu haben
und das Unerforschliche ruhig zu verehren."

Goethe

Literaturverzeichnis

Naturwissenschaft und Glaube – ein Problemaufriss

BOHNET-VON DER THÜSEN, HEIDI: Denkanstöße 1996. Ein Lesebuch aus Philosophie, Natur und Humanwissenschaften, München 1995

FERRIS, TIMOTHY: Das Weltall und Ich, Frankfurt 1995

SCHELER, MAX: Die Stellung des Menschen im Kosmos, 14. Auflage Bonn 1998

SEGRÉ, EMILIO: Die großen Physiker und ihre Entdeckungen, Bd. 1 und 2, München 1990

STADLER, KLAUS (Hg.): Lust am Forschen. Ein Lesebuch zu den Naturwissenschaften, München 1989

Die Entwicklung naturwissenschaftlichen Denkens und sein Einfluss auf die Ausformung der Weltbilder

Biografien

BÉGUIN, ALBERT: Blaise Pascal, Hamburg 1985

CHENU, M.-D.: Thomas von Aquin, Hamburg 1989

HEMLEBEN, JOHANNES: Charles Darwin, Hamburg 1990

HEMLEBEN, JOHANNES: Galileo Galilei, Hamburg 1987

HEMLEBEN, JOHANNES: Johannes Kepler, Hamburg 1988

HEMLEBEN, JOHANNES: Teilhard de Chardin, Hamburg 1991

HERMANN, ARMIN: Max Planck, Hamburg 1988

HERMANN, ARMIN: Werner Heisenberg: Hamburg 1984

KIRCHHOFF, JOCHEN: Giordano Bruno, Hamburg 1989

KIRCHHOFF, JOCHEN: Nikolaus Kopernikus, Hamburg 1990

SCHNEIDER, IVO: Isaac Newton, München 1988

SPECHT, RAINER: Descartes, Hamburg 1984

WICKERT, JOHANNES: Albert Einstein, Hamburg 1972

Literatur

EINSTEIN, ALBERT: Aus meinen späten Jahren, Frankfurt 1984

HEISENBERG, WERNER: Der Teil und das Ganze. Gespräche im Umkreis der Atomphysik, München 1987

JORDAN, PASCUAL: Der Naturwissenschaftler vor der religiösen Frage, Stuttgart 1987

KAHAN, GERALD: Einsteins Relativitätstheorie zum leichten Verständnis für jedermann, Köln 1997

KANITSCHEIDER, BERNULF: Kosmologie. Geschichte und Systematik in philosophischer Perspektive, Stuttgart 1991

MUTSCHLER, HANS-DIETER: Physik, Religion, New Age, Würzburg 1990

SCHWARTZ, JOSEPH: Einstein für Anfänger. Sachcomic, Hamburg 1988

Moderne Modelle zur Entstehung der Welt und des Lebens

WEINBERG, STEVEN: Die ersten drei Minuten. Der Ursprung des Universums, München 1980

Wie erkennen wir die Wirklichkeit?

HEISENBERG, WERNER: Ordnung der Wirklichkeit, München 1989

SCHNEIDER, NORBERT: Erkenntnistheorie im 20. Jahrhundert, Stuttgart 1998

WATZLAWICK, PAUL: Die erfundene Wirklichkeit, München 1994

WATZLAWICK, PAUL: Die Unsicherheit unserer Wirklichkeit, München 1988

WATZLAWICK, PAUL: Wie wirklich ist die Wirklichkeit?, München 1992

Glaube und Vernunft: zwei Wege zur Erkenntnis Gottes

HOERSTER, NORBERT (Hg.): Glaube und Vernunft. Texte zur Religionsphilosophie, Stuttgart 1985

MACKIE, J. L.: Das Wunder des Theismus. Argumente für und gegen die Existenz Gottes, Stuttgart 1985

Merkmale und Methoden wissenschaftlicher Theologie

BULTMANN, RUDOLF: Glauben und Verstehen, Bde. 1–4), Tübingen 1972

LOHFINK, GERHARD: Jetzt verstehe ich die Bibel. Ein Sachbuch zur Formkritik, Stuttgart 1973

POPPER, KARL R.: Objektive Erkenntnis, Hamburg 1973

SWINBURNE, RICHARD: Die Existenz Gottes, Stuttgart 1987

Wirklichkeitsdeutungen durch Religion und Naturwissenschaft: mythische Elemente und literarische Beispiele

Mythos

AUDRETSCH, JÜRGEN/MAINZER, KLAUS: Vom Anfang der Welt. Wissenschaft, Philosophie, Religion, Mythos, München 1989

BULTMANN, RUDOLF: Glauben und Verstehen, Bde. 1–4, Tübingen 1972

ELIADE, MIRCEA: Mythen, Träume und Mysterien, Salzburg 1961

HÜBNER, KURT: Die Wahrheit des Mythos, München 1985

KOLAKOWSKI, LESZEK: Die Gegenwärtigkeit des Mythos, München 1984

MANN, ULRICH: Schöpfungsmythen. Vom Ursprung und Sinn der Welt, Stuttgart 1982

RINNE, OLGA: Der neue Entwurf der Welt. Ursprungsmythen (Bd. 1), Darmstadt 1985

RINNE, OLGA: Der verlorene Himmel. Ursprungsmythen (Bd. 2), Darmstadt 1985

Naturwissenschaft in der Literatur

BERTOLT BRECHT: Leben des Galilei, Frankfurt 1962

FRIEDRICH DÜRRENMATT: Die Physiker, Zürich 1962

HEINAR KIPPHARDT: In der Sache Robert Oppenheimer, Frankfurt 1964

Die Entstehung des Lebens: Schöpfung und Evolutionstheorie

MONOD, JACQUES: Zufall und Notwendigkeit. Philosophische Fragen der modernen Biologie, München 1975

TAYLOR, GODON RATTRAY: Die biologische Zeitbombe. Revolution der modernen Biologie, Frankfurt 1972

Naturwissenschaft und Religion im Gespräch

AICHELIN, HELMUT/ LIEDKE, GERHARD (Hg.): Naturwissenschaft und Theologie, Neukirchen-Vluyn 1975

ALTNER, GÜNTER: Naturvergessenheit. Grundlagen einer umfassenden Bioethik, Darmstadt 1991

AUDRETSCH, JÜRGEN: Die andere Hälfte der Wahrheit. Naturwissenschaft, Philosophie, Religion, München 1992

BENZ, ARNOLD: Die Zukunft des Universums. Zufall, Chaos, Gott?, Düsseldorf 1997

DITFURTH, HOIMAR VON: Wir sind nicht nur von dieser Welt. Naturwissenschaft, Religion und die Zukunft des Menschen, Hamburg 1981

DÜRR, HANS-PETER / ZIMMERLI, WALTER CH.: Geist und Natur. Über den Widerspruch zwischen naturwissenschaftlicher Erkenntnis und philosophischer Welterfahrung, Bern 1989

MÜLLER, HELMUT, A.: Naturwissenschaft und Glaube, Bern 1988

THIELICKE, HELMUT: Wie die Welt begann. Der Mensch in der Urgeschichte der Bibel, Stuttgart 1980

Glossar

absolut: frei von allen Beziehungen oder Bedingungen; uneingeschränkt, unabhängig, rein, vollkommen

adaequatio rei et intellectus (Annäherung der Sache und des Verstandes): nach Thomas von Aquin ist Wahrheit die Gleichheit bzw. Übereinstimmung zwischen der Sache und dem Abbild der Sache im Verstand

Agnostizismus: Lehre, dass Gott nicht erkennbar ist; im weiteren Sinn die Lehre von der Unerkennbarkeit der Wahrheit und der Wirklichkeit überhaupt

Allegorie: Auffassung vom Mythos als Gleichnis und Personifikation von Naturmächten

analytische Sätze bzw. Urteile: Sätze, die das Prädikat bereits im Subjekt enthalten, z. B. „alle Körper sind ausgedehnt"

an sich: in der Erkenntnislehre ist damit die Unabhängigkeit eines Seienden vom Subjekt, insbesondere vom Erkanntwerden durch das Subjekt gemeint

anthropomorph: menschlich gestaltet, nach menschlicher Art und Weise

Anthropozentrismus: Denkrichtung, die den Menschen zum Mittelpunkt der Welt erhebt

Apokalypse: Offenbarung; letztes Buch der Bibel; Visionen vom Weltuntergang

a priori: Einsicht, deren Richtigkeit durch die Erfahrung weder bewiesen noch widerlegt werden kann. – Kant bezeichnet damit Begriffe, die allein der Vernunft entstammen, allerdings erst dann in Erscheinung bzw. Tätigkeit treten, wenn mit ihrer Hilfe Wahrnehmungen zu Begriffen geformt werden. Rein apriorisch sind nach Kant die Kategorien sowie Raum und Zeit; jedoch kann allein mit ihrer Hilfe ohne Hinzutreten von Wahrnehmungen keine Erkenntnis erzielt werden.
So ist z. B. der kategorische Imperativ „Handle so, als ob die Maxime deiner Handlung durch deinen Willen zum allgemeinen Naturgesetz werden sollte" wie ihn I. Kant in seiner Grundlegung zur Metaphysik der Sitten formuliert, nicht in der Welt der Erscheinungen auffindbar, sondern er ist dem Menschen als Vernunftwesen allein a priori zugänglich.

Äquivalenzprinzip: Gleichwertigkeit von Masse und Energie. Die Gleichwertigkeit von Energie E und Masse m kommt in der von A. Einstein aufgestellten Bezeichnung $E = mc^2$ (c = Lichtgeschwindigkeit) zum Ausdruck.

aristotelisch-ptolemäische Wissenschaft meint die Forschungen, die von Aristoteles (384– 322 v. Chr.) und Ptolemäus (ca. 90–160) zum Weltsystem durchgeführt wurden. Nach Ptolemäus bewegen sich Sonne, Mond und Sterne um die Erde. Sein Weltbild ist geozentrisch: Erde und Mensch bilden den Mittelpunkt des Universums. Die aristotelisch-ptolemäischen Erkenntnisse über das Weltall wurden durch das kopernikanisch-heliozentrische Weltbild im 15. Jahrhundert abgelöst.

Ästhetik: Lehre vom Schönen

Astronomie: Himmelskunde

Atheismus: Leugnung der Existenz Gottes

Ätiologie: Erzählung, die eine Erklärung für einen Brauch oder Ritus geben will

Aufklärung: eine Kultur- und Geistesbewegung des 18. Jahrhunderts mit dem Ziel, auf religiöser oder politischer Autorität beruhende Anschauungen durch solche zu ersetzen, die sich aus der Betätigung der menschlichen Vernunft ergeben und die der vernunftgemäßen Kritik jedes Einzelnen standhalten

Axiom: unbeweisbarer, aber unbestreitbarer Grundsatz

Babylonisches Exil: Exil der Juden in Babylon (ca. 587–538 v. Chr.) nach der Eroberung und Zerstörung Jerusalems durch den babylonischen König Nebukadnezar.

Chaostheorie: das regellose und unvorhersagbare Verhalten von Systemen

Chiffre: Zeichen

Deduktion: wissenschaftliche Methode, die vom Allgemeinen auf das Besonderen schließt (vgl. Induktion)

Demiurg: Handwerker; nach der mythologisch-symbolischen Vorstellung Platons: Schöpfer der Welt

Determiniertheit: Lehre, dass alles Geschehen durch Ursachen eindeutig bestimmt ist

Determinismus: Lehre von der Bestimmtheit des gesamten Weltgeschehens, einschließlich aller menschlichen Lebensläufe und des menschlichen Willens von Gott her

Ding „an sich": nach Kants „Kritik der reinen Vernunft" das Ding, wie es unabhängig von einem erkennenden Subjekt für sich selbst besteht

Dogma: im kirchlichen Sprachgebrauch meint Dogma eine allgemein verbindliche Formulierung von Glaubenswahrheiten

Dualität/Dualismus: Bezeichnung für die Existenz zweier nebeneinander bestehender Zustände, Prinzipien oder Denkweisen: Welt der Ideen – Welt der Wirklichkeit; Gott und Teufel; Geist und Materie, Seele und Leib

Empirie: Lehre, die alle Erkenntnis allein aus der Erfahrung ableitet

Entmythologisierung: Methode der Bibelauslegung, mit der die biblischen Texte aus ihrer zeitlichen Bedingtheit sowie ihrer Einbettung und Verflochtenheit „befreit" werden, um sie in die Sprache und das Denken der Gegenwart zu „übersetzen"

Entropie: mathematische Größe für das Maß der Unordnung in einem System

Enzyklika: Rundschreiben; lehramtliche Äußerungen der Päpste zu Glaubensfragen oder Auslegungen der Morallehre. Sie werden nach den Anfangsworten der jeweiligen Enzyklika zitiert, z. B. Enzyklika Humani Generis: „Vom Ursprung der Menschen".

Eschatologie: Lehre von den letzten Dingen: Tod, Gericht, Himmel, Hölle, Auferstehung, Neuwerdung

Ethik: Lehre von den sittlichen Werten und Handlungen des Menschen

Evidenz: die unmittelbare Gewissheit

Evolution: im biologischen Sinn die Entwicklung von niederen zu höheren Formen des Lebens

Exegese: Erklärung und Auslegung biblischer Texte nach wissenschaftlichen Methoden (siehe Kap. 7)

Existenzphilosophie: philosophische Strömung, die das menschliche Sein zum Mittelpunkt der Philosophie macht
Vertreter: Kierkegaard, Nietzsche, Jaspers, Sartre
Leitmotiv: der Mensch ist zur Freiheit verurteilt, diese Freiheit macht ihn aber auch verantwortlich

Exodus: Auszug Israels aus Ägypten unter Mose: Ex 1–15

Extrapolation: Übertragung

Falsifikation: Aufdecken eines Irrtums durch empirischen Nachweis

Fascinosum: das Faszinierende, Hinreißende am Heiligen

Galaxie: Spiralnebel; Sternsystem; die Milchstraße

Genealogie: Wissenschaft von Ursprung, Folge und Verwandtschaft der Geschlechter

Genesis: Schöpfungsgeschichte (1. Buch der Bibel)

geozentrisches Weltbild: Weltbild, das die Erde als den Mittelpunkt des Kosmos ansah

Gnosis: (Gottes-) Erkenntnis; hellenistische, jüdische und christliche Versuche, die im Glauben verborgenen Geheimnisse durch philosophische Spekulation zu erkennen und so zur Erlösung zu gelangen

Gravitation: von Newton aufgestelltes Gesetz, nach dem die anziehenden Kräfte zwischen zwei Körpern um so größer sind, je größer ihre Massen und je kleiner ihr Abstand ist. Die Anziehung durch die große Erdmasse verursacht das Gewicht der irdischen Körper, ihre Schwerkraft

heliozentrisches Weltbild: Weltbild, bei dem die Sonne im Mittelpunkt des Kosmos steht

Hermeneutik: Wissenschaft vom Verstehen. Hermeneutik reflektiert die Bedingungen und Möglichkeiten des Verstehens von geschichtlichen Lebensäußerungen und entwickelt Methoden, die den Sinn dieser Lebensäußerungen verständlich machen

Hominoid / Hominiden: der Mensch und seine fossilen Vorgänger

Hypothese: begrifflich-wissenschaftliche Annahme bzw. vorläufige Erklärung einer Tatsache, welche die empirische Erkenntnis ergänzen oder verschiedene empirische Erkenntnisse zu einem Ganzen verbinden kann

Idealismus: jede durch echte Ideale und ihre praktische Befolgung bestimmte Weltanschauung und Lebensführung, besonders im Sinne uneigennützigen, aufopferungsvollen Handelns; Metaphysischer Idealismus ist die Ansicht, die das objektiv Wirkliche als Idee, Geist, Vernunft bestimmt und auch die Materie als eine Erscheinungsform des Geistes betrachtet.
Philosophisch ist der Idealismus eine Gesamtauffassung, die sich nicht an sinnlichen Materialien orientiert, sondern auf übergeordnete Ziele, auf Ideale ausgerichtet ist und der geistigen Welt das entscheidende Gewicht beimisst.

Idealität: das Sein als bloße Idee oder Vorstellung, im Gegensatz zur Realität, dem Sein in der objektiven Wirklichkeit

Idee: nach Platon das unveränderliche, vollkommene, im überirdischen Bereich beheimatete Urbild eines jeden Gegenstandes, dessen Verkörperung in der Erscheinungswelt nur schattenhaft und unvollkommen gelingt. Idee wird vielfach verwendet in der Bedeutung von Urbild, Urbegriff, Leit- und Grundgedanke.

Immanenz: in der Erkenntnistheorie versteht man unter Immanenz den Bereich, der in den Grenzen der sinnlichen Erfahrung liegt

Indeterminismus: die Lehre, dass es Zustände und Ereignisse gibt, für die eine Ursache nicht besteht oder nicht angegeben werden kann

Induktion: wissenschaftliche Methode, welche vom Einzelnen, Besonderen auf etwas Allgemeines, Gesetzmäßiges schließt. Ein Induktionsschluss ist z. B.: Gold, Silber und Eisen sind Metalle. (Vgl. Deduktion)

Inertialsystem: ein Bezugssystem, in dem sich ein „frei“ beweglicher Körper nach dem Trägheitsgesetz verhält, heißt Inertialsystem

Intelligibilität: bezeichnet diejenigen Phänomene, die nur durch die Vernunft, nicht durch Erfahrung erkennbar sind. Die intelligible Welt ist das Reich der reinen Gedankendinge, der Ideen und Ideale, die die geistige Wirklichkeit ausmachen.

Irrationalität: was mit dem Verstand nicht erfahrbar ist; was sich den Gesetzen der Logik nicht unterwirft

isotroper Raum: Ausbreitungsmedium für Wellen, das richtungsunabhängige physikalische Eigenschaften hat. In einem isotropen Medium breiten sich die Lichtwellen nach allen Seiten gleichmäßig und mit derselben Geschwindigkeit aus.

Jahwe: Eigenname des Gottes Israels im Alten Testament (z. B. Ex 3,14; 14,24 f.)

Jahwistischer Erzähler: Der jahwistische Strang in der literarischen Tradition der biblischen Texte entstand um ca. 950 v. Chr. Die Erzählungen des Jahwisten haben ihre Quellen in der mündlichen Tradition des Volkes. Sie wurden dann von einer Autorengruppe schriftlich zusammengefasst. Da in diesen Erzählungen von Anfang an der Gottesname Jahwe verwendet wird, bezeichnet man diese Quellen als Texte des Jahwisten.

Kategorien: nach Kants Erkenntnislehre gibt es die Kategorien

- der Quantität: Einheit, (Maß), Vielheit (Größe), Allheit (das Ganze),
- der Qualität: Realität, Negation, Limitation,
- der Relation: Substanz, Kausalität, Wechselwirkung,
- der Modalität: Möglichkeit, Dasein, Notwendigkeit.

Kausalität (Verursachung): jede Veränderung hat Ursache und Wirkung.

Kernphysik: Teilgebiet der Physik, in dem die Eigenschaften der Atomkerne sowie die Wechselwirkungen der Kernbausteine untersucht werden

Komplementarität: Beziehung zwischen Messgrößen im Bereich der Quantenmechanik, die besagt, dass man die betreffenden Messgrößen nicht gleichzeitig (simultan) messen kann

Kontingenz: Zufälligkeit (im Gegensatz zur Notwendigkeit)

Kontinuität: Dauerhaftigkeit

Kontinuum: lückenlos Zusammenhängendes

Kopernikanische Wende: Ausdruck für die naturwissenschaftliche Erkenntnis des Nikolaus Kopernikus (1473–1543), nach der – im Gegensatz zu dem geozentrischen System des Ptolemäus – die Sonne und nicht die Erde den Mittelpunkt des Planetensystems bildet.

Kosmologie (Weltlehre): Philosophisch-wissenschaftliche Betrachtung der Entstehung des Weltalls

Kosmogonie: Lehre von der Weltentstehung

Leib-Seele-Problem: das Leib-Seele-Problem fragt danach, ob und inwiefern Leib und Seele in ihrem Sein und Wirken voneinander verschieden sind, in Abhängigkeit zueinander stehen und wie sie sich beeinflussen

Logos: Weltvernunft, Sinn, logisches Urteil, menschliche Vernunft, Gottes Wort

Materialismus: eine Anschauung, die in der Materie den Grund und die Substanz der Wirklichkeit sieht, nicht nur der stofflichen, sondern auch der seelischen und geistigen. Nur das mit naturwissenschaftlichen Methoden Erfüllbare gilt als wirklich. Der Materialismus weist die menschlichen Probleme Bewusstsein, Dasein, Zweck und Ziel des Lebens, Freiheitswerte etc. als Scheinprobleme zurück.

Materialismus, historischer: die Produktionsweise des materiellen Lebens bedingt den sozialen, politischen und geistigen Lebensprozess überhaupt. Es ist nicht das Bewusstsein der Menschen, das ihr Sein, sondern umgekehrt ihr gesellschaftliches Sein, das ihr Bewusstsein bestimmt (Marx).

Maxime: Hauptgrundsatz, Lebensregel

Mechanik: als Teilgebiet der Physik die Wissenschaft vom Gleichgewicht (Statik) und von der Bewegung (Dynamik) der Körper

Mechanisches System: im Rahmen eines mechanischen Systems werden alle Dinge in der Natur als ausgedehnte Körper, die aus Atomen bestehen, betrachtet. Dieses System besagt, dass die Kräfte in der Natur auf Druck und Stoß von Körpern zurückzuführen sind. Die Wirklichkeiten von Seele und Geist werden zurückgestellt. Es gibt keinen Platz für einen über der Materie stehenden Geist.

Metaphysik (nach bzw. hinter der Physik liegend): Metaphysik fragt nach dem Grund und Sinn des Wirklichen

Mutation: sprunghafte, erbliche Veränderung. Durch Mutation kommt es zu jenen genetischen Veränderungen bei Tieren und Pflanzen, die die Voraussetzungen für die natürliche Auslese schaffen.

Mythos: bildhafte Vorstellungen in Form von Götter- und Heldensagen, von Ursprung, Ende und Wesen der Welt und der Menschen; Erzählung, Sage als Ausdruck gewisser Urerlebnisse bestimmter Völker zu bestimmten Zeiten

Mythische Orte: Stätten, an denen mythische Ereignisse vorwiegend stattfinden, z. B. Quelle, Grotte, Berg, Stein, Wiese, Erde, Himmel, Unterwelt

Naturphilosophie: Mit Naturphilosophie sind die philosophischen Versuche gemeint, die Natur sowohl aus dem unmittelbaren Erleben der Natur als auch aus den Erkenntnissen der Naturwissenschaft heraus zu deuten und zu erklären.

Vertreter: Thomas von Aquin, Albertus Magnus, Nikolaus Kopernikus, Johannes Kepler, Isaak Newton, Immanuel Kant, Friedrich W. Schelling, Nicolai Harmann.

Neopositivismus (logischer Empirismus/logischer Positivismus): philosophische Richtung, die auf den Positivismus Auguste Comtes, also dem Interesse am Empirischen und Tatsächlichen zurückgeht und von der theoretischen Physik beeinflusst ist. Im so genannten „Wiener Kreis" unter Rudolf Carnap wurde diese Position wieder aufgegriffen und als Wissenschaftslogik und Grundlagenforschung weiterentwickelt.

Numinoses: eine von der Gottheit ausgehende Macht

Objektivierbarkeit: Allgemeingültigkeit und sachliche Richtigkeit, die an der Erfahrung oder im Experiment überprüfbar ist

Objektivität: Freisein von subjektiven Interessen; Sachlichkeit; Neutralität

Ökologie: Lehre von der Umwelt

Ökonomie: Lehre von den Wirtschaftsbedingungen

Ontogenese: Entwicklungsgeschichte des Einzelorganismus. Die Ontogenese umfasst die Entwicklung der Lebewesen von der Keimzelle bis zur Geschlechtsreife bzw. bis zum natürlichen Tod.

Ontologie: Lehre vom Sein als solchem und von den allgemeinen Seinsbedeutungen und -bestimmungen

Phänomenologie: Lehre von den Erscheinungen; bei E. Husserl meint Phänomenologie eine philosophisch-methodische Erkenntnislehre vom reinen Wesen der Welt und ihrem Aufbau im Bewusstsein

Phylogenese: Stammesentwicklung; die Entstehung und Entwicklung aller Lebewesen im Laufe der Erdgeschichte

Physik: diejenige Naturwissenschaft, die sich mit der Erforschung aller experimentell und messend erfassbaren Vorgänge in der Natur sowie mit deren mathematischer Beschreibung befasst

Polytheismus: der Glaube an eine Vielzahl von Gottheiten

Population: Art, Gattung, Bevölkerung

Positivismus: eine Richtung der Philosophie und Wissenschaft, die von „Positionen", d. h. vom Gegebenen, Tatsächlichen, Zweifelsfreien, Sicheren, ausgeht. Metaphysische Erörterungen werden als theoretisch unmöglich und praktisch nutzlos angesehen. Der Positivismus lehnt sich an das Weltbild der Naturwissenschaften an, in dem nur als wahr anerkannt wird, was sich empirisch nachweisen lässt.

Pragmatismus: die Überzeugung, dass sich die Wahrheit der Lehren, Anschauungen und Begriffe an ihrer Dienlichkeit für die Bewältigung praktischer Aufgaben erweist. Nur die Erkenntnis ist wertvoll, die das tätige Leben fördert.

Priesterschrift: Die Priesterschrift gehört zu den jüngsten literarischen Quellen der biblischen Texte. Ihre Entstehungszeit ist etwa für das 6. Jahrhundert vor Christus zur Zeit des Babylonischen Exils anzusetzen. Sie umfasst unter anderem den Schöpfungsbericht (Gen 1,1–2,4 a) und Teile des Buches Exodus (Mosegeschichten, die ägyptischen Plagen und Anweisungen zum Bau der Stiftshütte).

Primaten: die höchstentwickelten Säugetiere: Affen, Halbaffen, Menschen

Quant: durch den Begriff des Quants wird vor allem der Teilchencharakter einer elektromagnetischen Welle zum Ausdruck gebracht und in diesem Sinn auch oft synonym mit dem Begriff Teilchen benutzt

Quantenmechanik: Bezeichnung für die Beschreibung des Verhaltens und der beobachtbaren Eigenschaften submikroskopischer physikalischer Teilchensysteme

Quantentheorie: sie entwickelt und erläutert die allgemeinen physikalischen Gesetze mikrophysikalischer Systeme (wie Moleküle, Atome, Atomkerne, Elementarteilchen, Lichtquanten). Sie berücksichtigt, dass das mikrophysikalische Geschehen nicht stetig, sondern sprunghaft (quantenhaft) ist.

quantitativ: messbar, in Zahlen ausdrückbar

quantitative Methode: wissenschaftliche Vorgehensweise, die an messbaren und in Zahlen ausdrückbaren Erscheinungen interessiert ist

Rationalität: Erkenntnisform, die von der Vernunft (ratio) bestimmt ist

Realismus: Wirklichkeitssinn, wirklichkeitsnahe Einstellung

Realismus, transzendentaler: nach Kant meint transzendental das, was aller Erfahrung vorausgeht und Erfahrungserkenntnis erst möglich macht

Relativitätstheorie: von A. Einstein 1905 entworfene und von ihm und anderen Physikern erweiterte physikalische Theorie, die das Relativitätsprinzip der Mechanik für die gesamte Physik als gültig nachweist. Mit der Relativitätstheorie hat Einstein die physikalischen Vorstellungen von Raum und Zeit einschneidend verändert und fortentwickelt.

Sakramente: christliche Zeichen zur Vermittlung göttlicher Gnade in Taufe und Eucharistie (evangelisch) bzw. Taufe, Beichte, Eucharistie, Firmung, Ehe, Priesterweihe, letzte Ölung (katholisch)

Säkularisierung (Verweltlichung): Loslösung des Einzelnen, des Staates und der gesellschaftlichen Gruppen aus den Bindungen von Kirche und Religion seit dem Ausgang des Mittelalters und besonders als Folge der Aufklärung

Scholastik: Schulwissenschaft; bezeichnet die Philosophie und Theologie im Mittelalter, die die kirchliche Glaubenslehre auch durch Vernunftbeweise zu festigen suchte. Sie knüpfte an Aristoteles an. Ihr bedeutendster Vertreter war Thomas von Aquin.

Schöpfungsmythen: vorwissenschaftliche Erzählungen von der Schöpfung; zu den Schöpfungsmythen gehören z. B. die indische Rigveda, die Metamorphosen des Ovid, die Edda der Germanen, das Popul Vuh der Maya und der alttestamentarische Schöpfungsbericht

Selektion: zweiter Faktor der Artumwandlung durch natürliche Auslese: schädliche Veränderungen oder Genkombinationen werden ausgemerzt oder vermindert (vgl. Mutation)

Sensualismus: erkenntnistheoretische Richtung, die alle Erkenntnis aus Sinneswahrnehmungen ableitet und das Seelenleben als zusammengesetzte Bereiche von Empfindungen auffasst.
Leitmotive: „Nihil est in intellectus, quod non prius fuerit in sensu." – Im Verstand ist nichts, was nicht vorher in den Sinnen war. (John Locke); „Esse est percipi." – Sein ist Wahrgenommenwerden. (George Berkeley)

Skeptizismus: philosophische Richtung, die den Zweifel zum Prinzip des Denkens erhebt, besonders den Zweifel an einer sicheren Wahrheit

Sophisten: Lehrer der Weisheit im klassischen Griechenland: Protagoras, Gorgias, Prodikos, Hipias u. a.

Spiritualismus: die Weltanschauung, nach der alles Bestehende im Grunde Geist ist

Synoptiker: die drei ersten Evangelisten (Matthäus, Markus, Lukas), die sich in ihrer Darstellung der Lebensgeschichte Jesu sehr ähneln und daher nebeneinander gestellt werden können (Synopse: griech. Zusammenschau)

Teleologie (griech. telos: Ziel, Zweck): die Lehre von der Zielgerichtetheit und Zielstrebigkeit jeder Entwicklung im Universum oder in seinen Teilbereichen

Thermodynamik: Wissenschaft von der Beziehung wischen Wärme und Energie und ihrer Umwandlung ineinander

Thermodynamisches Gleichgewicht: der Zustand des thermodynamischen Gleichgewichts ist erreicht, wenn im Verhältnis zwischen Wärme und Energie in einem System keine Veränderungen mehr eintreten

Transzendentale Idee: Nach Kant ist diejenige Erkenntnis transzendental, die sich mit unserer Erkenntnisart von Gegenständen, sofern sie a priori möglich ist, beschäftigt. Damit bezeichnet transzendental nicht etwas, das über die Erfahrung hinausgeht, sondern was ihr vorhergeht und Erfahrungserkenntnis erst möglich macht. Für die formale Anordnung der Begriffe und Erkenntnisse ist die Idee für eine vollständige Wissenschaft unentbehrlich. Als die drei Ideen der Metaphysik (transzendentale Ideen) bezeichnet Kant: Gott, Freiheit und die Unsterblichkeit.

Transzendenz: im religiösen Sprachgebrauch das Überschreiten der Grenze der Erfahrung und des Diesseits

Tremendum: der Anteil am Heiligen, der frommes Schaudern erweckt

Trinitätsgedanke: christliche Glaubensaussage über die Dreieinigkeit des einen Gottes als Vater, Sohn und Heiliger Geist

universell: weltumfassend, allumfassend

Unschärferelation: die von Heisenberg aus der Quanten- oder Wellenmechanik abgeleitete Beziehung, die zum Ausdruck bringt, dass man mit voller Genauigkeit grundsätzlich nicht zugleich den Ort eines Elementarteilchens und seinen Impuls, ebenso nicht zugleich die Energie einer Strahlung und den Zeitpunkt ihrer Aussendung bestimmen kann

Urknalltheorie: vermuteter Anfang des Universums. Man nimmt an, dass die gesamte Energie des Universums auf kleinem Raum konzentriert war. In einer allmählichen Ausdehnung bildeten sich dann Atomkerne, Atome, Moleküle und größere Körper.

Verifikation: Nachprüfbarkeit. Nach Auffassung des Positivismus sind nur jene Aussagen verifizierbar, die mit den Methoden der Naturwissenschaft bzw. der Logik und Mathematik überprüfbar sind.

Weltsubstrat: mit dem Postulat vom Weltsubstrat ist gemeint, dass die Materie im Weltraum nach Art eines Gases in gleichförmiger Dichte verteilt ist, dessen Moleküle, die Galaxieenhaufen, sich zu ihrer näheren Umgebung in Ruhe befinden

Wiener Kreis, siehe Neopositivismus

Namensverzeichnis

Philosophen und Theologen

Albert, Hans (geb. 1920), dt. Philosoph
Anselm von Canterbury (1033–1109), Theologe und Philosoph
Aristoteles (384–322 v. Chr.), griech. Philosoph
Berkeley, George (1685–1753), engl. Theologe und Philosoph
Ben-Chorin, Schalom (geb. 1913), dt. Germanist und Theologe
Bruno, Giordano (1548–1600), ital. Philosoph
Bultmann, Rudolf (1848–1976), dt. Theologe
Cardenal, Ernesto (geb. 1925), nicaraguan. Theologie, Dichter und Revolutionär
Carnap, Rudolf (1891–1970), dt. Philosoph
Chardin, Teilhard de (1881–1955), franz. Philosoph
Derrida, Jacques (geb. 1930), franz. Philosoph
Descartes, René (1596–1650), franz. Philosoph, Mathematiker und Naturwissenschaftler
Dilthey, Wilhelm (1833–1911), dt. Philosoph
Feuerbach, Ludwig (1804–1872), dt. Philosoph
Fichte, Johann Gottlieb (1762–1814), dt. Philosoph
Freud, Sigmund (1856–1939), österr. Mediziner, Psychoanalytiker, Philosoph
Hegel, Georg Friedrich Wilhelm (1770–1831), dt. Philosoph
Hobbes, Thomas (1588–1679), engl. Philosoph
Hume, David (1711–1776), engl. Historiker und Philosoph
Hübner, Karl (geb. 1921), Philosoph
Kant, Immanuel (1724–1804), dt. Philosoph
Küng, Hans (geb. 1928), schweizer Theologe
Lamettrie, Julien Offray de (1709–1751), franz. Arzt und Philosoph
Leibniz, Gottfried Wilhelm (1646–1716), dt. Philosoph, Physiker und Historiker
Locke, John (1632–1704), engl. Philosoph, Psychologe, Pädagoge
Marx, Karl (1818–1883), dt. Philosoph und Sozialist
Moltmann, Jürgen (geb. 1926), dt. Theologe
Nietzsche, Friedrich (1844–1900), dt. Philosoph
Pascal, Blaise (1623–1662), franz. Philosoph
Platon (427–347 v. Chr.), griech. Philosoph
Popper, Sir Karl Raimund (geb. 1902), österr. Philosoph
Ricoeur, Paul (geb. 1913), franz. Philosoph

Schelling, Friedrich Wilhelm (1775–1854), dt. Philosoph
Sokrates (um 470–399 v. Chr.), griech. Philosoph
Thomas von Aquin (1225–1274), Theologe und Philosoph
Voltaire, eigentl. François Marie Arouet (1694–1778), franz. Philosoph
Whitehead, Alfred North (1861–1947), engl. Philosoph und Mathematiker

Physiker, Mathematiker und Astronomen

Bohr, Niels (1885–1962), dän. Physiker
Davies, Paul, engl. Physiker der Gegenwart
Einstein, Albert (1879–1955), dt. Physiker
Euklid (ca. 300 v.Chr.), griech. Gelehrter und Begründer der Geometrie
Galilei, Galileo (1564–1642), ital. Astronom, Mathematiker und Physiker
Hawking, Stephen (geb. 1942), engl. Physiker und Mathematiker
Heisenberg, Werner (1901–1976), dt. Physiker
Herschel, Sir Frederick William (1738–1822), engl. Astronom dt. Abstammung
Hubble, Edwin Powell (1899–1953), amerik. Astronom
Huygens, Christian (1629–1695), niederländ. Astronom und Naturwissenschaftler
Kepler, Johannes (1571–1630), dt. Astronom
Kopernikus, Nikolaus (1473–1543), poln. Astronom
Lagrange, Joseph Louis (1736–1813), franz. Mathematiker
Laplace, Pierre-Simon (1749–1827), franz. Astronom
Maxwell, James Clerk (1831–1879), engl. Physiker
Newton, Isaac (1643–1727), engl. Naturforscher
Planck, Max (1858–1947), dt. Physiker
Poisson, Simèon Denis (1781–1840), franz. Mathematiker und Physiker
Ptolemaios (um 90–160), griech. Astronom und Mathematiker
Pythagoras (um 580–496 v. Chr.), griech. Philosoph und Mathematiker
Schrödinger, Erwin (1887–1961), österr. Physiker

Biologen, Chemiker und Mediziner

Altner, Günther (geb. 1936), Biologe und Theologe
Darwin, Charles (1809–1882), engl. Biologe
Ditfurth, Hoimar von (1921–1989), dt. Psychiater, Neurologe und wiss. Schriftsteller
Thürkauf, Max (geb. 1925), dt. Chemiker
Vollmert, Bruno (geb. 1920), Chemiker und Biologe

Stichwortverzeichnis

Bildnachweis

Umschlagbild: © Anglo-Australian Observatory, Photograph by David Malin

S. 9 Weltbild des Alten Orients, aus: Hartmut Rupp / Uwe Schott u. a.: Wege zur Wirklichkeit – Glaube und Naturwissenschaft, Calwer Verlag, Stuttgart 1979, S. 5.

S. 12 Platon, römische Kopie einer griechischen Bronzestatue, um 3000 v. Chr.

S. 14 Aristoteles, Kunsthistorisches Museum Wien.

S. 16 Thomas von Aquin, Gemälde von Carlo Crivelli, National Galery London.

S. 18 Kopernikus, das so genannte Altersbildnis, anonymes Gemälde des 16. Jahrhunderts.

S. 20 Giordano Bruno, © Archiv für Kunst und Geschichte.

S. 22 René Descartes, Gemälde von Franz Hals, Louvre Paris, © Archiv für Kunst und Geschichte.

S. 23 Johannes Kepler, Stich von Jakob von Heyden.

S. 24 Galileo Galilei, Bildnis mit einem optischen Instrument, Gemälde aus der Schule des Justus Sustermans, © Galleria Pitti.

S. 26 Blaise Pascal, Philippe de Champigne zugeschrieben.

S. 28 Isaac Newton, National Portrait Galery London.

S. 31 Immanuel Kant, © Archiv für Kunst und Geschichte.

S. 33 Charles Darwin, Zeichnung von T. Magire 1849.

S. 34 Modell der Evolution des aufrechten Ganges, Zeichnung: Udo Kipper.

S. 35 James Clerk Maxwell, aus: Emilio Segrè: Die großen Physiker und ihre Entdeckungen, aus dem Amerikanischen von Hainer Kober, Bd. 1, Piper Verlag, München 1986, S. 257.

S. 37 Max Planck, aus: Brockhaus Enzyklopädie in zwanzig Bänden, Bd. 14, 17. völlig neu bearbeitete Auflage, Brockhaus: Wiesbaden 1972, S. 659.

S. 38 Albert Einstein, © Bildarchiv Preußischer Kulturbesitz.

S. 39 Relativität, © 1999 Cordon Art B. V., Baarn / Holland (all rights reserved).

S. 42 Niels Bohr, © Ullstein Bilderdienst.

S. 43 Werner Heisenberg, Foto: Eric Schaal.

S. 46 Stephen Hawking, © Süddeutscher Verlag, Bilderdienst.

S. 55 Spiralnebel, © Anglo-Australian Observatory, Photograph by David Malin.

S. 59 Philosophische Disziplinen, Kunzmann / Burkard / Wiedmann: dtv-Atlas Philosophie, Deutscher Taschenbuch Verlag, München 1991, Grafiken von Axel Weiß, S. 12.

S. 62 Schema zum Höhlengleichnis, Kunzmann / Burkard / Wiedmann: dtv-Atlas Philosophie, Deutscher Taschenbuch Verlag, München 1991, Grafiken von Axel Weiß, S. 40.

S. 75 Schema zu den Gottesbeweisen des Thomas von Aquin, Kunzmann / Burkard / Wiedmann: dtv-Atlas Philosophie, Deutscher Taschenbuch Verlag, München 1991, Grafiken von Axel Weiß, S. 82.

S. 78 Georges Rouault (1871–1958): Singt das Morgenlob, der Tag kehrt wieder!, Radierung, © VG Bild-Kunst, Bonn 1999.

S. 80 Dorothea Steigerwald: Der Dich behütet schläft nicht, Plastik, © by Brendow Verlag, 47443 Moers.

S. 86 Die hebräische Jesajarolle aus einer Höhle bei Qumran am Toten Meer.

S. 91 Gesprächssituation, aus: Gerhard Lohfink: Jetzt verstehe ich die Bibel, © Verlag Katholisches Bibelwerk, Stuttgart 1986, S. 37.

S. 92 Hermeneutischer Zirkel, frei erstellt nach: Veit-Jakobus Dieterich: Glaube und Naturwissenschaft, Oberstufe Religion, Materialheft 2c, hrsg. von Eckart Marggraf und Eberhard Röhm, Calwer Verlag, Stuttgart 1996, S. 55.

S. 94 Christus, Byzantinisches Fresko, 13. Jahrhundert, Kalopanagiotis / Zypern, Johanneskloster.

S. 98 Blendung des Polyphem durch Odysseus und seine Gehilfen, frühattische Amphora, Museum Eleusis Museum, Hirmer Photoarchiv München.

S. 103 Szenenbild aus „Die Physiker“, Wolfgang Kieling als Möbius, Kurt Ehrhardt als Einstein, Gustav Knuth als Newton und Therese Giehse als Ärztin in einer späteren Inszenierung der „Physiker“, © Süddeutscher Verlag, Bilderdienst.

S. 105 Titelbild des Programmhefts zur Welturaufführung „In der Sache J. Robert Oppenheimer“, Westberlin, 11. Oktober 1964, in: Klaus Hoffmann: J. Oppenheimer. Schöpfer der ersten Atombombe, © Springer-Verlag, Berlin/Heidelberg 1995, S. 282 b.

S. 111 Schöpfungsszene: Die Erschaffung der Gestirne und der Vegetation, Michelangelo, Sixtinische Kapelle Rom.

S. 114 Gott schafft Eva aus der Rippe des schlafenden Adam, Kathedrale Chartres.

S. 117 Die Versuchung durch die Schlange, Museo del Duomo, Florenz.

S. 118 Der Lebensbaum, in: Elga Sorge: Religion und Frau. Weibliche Spiritualität im Christentum, Verlag W. Kohlhammer, Stuttgart 1985, S. 129.

S. 141 Tierversuch, Exemplarische Bilder – Mensch und Tier, Wolfgang Dietrich, Mappe 17, Bild 132 © 1980 Burckhardthaus-Laetare Verlag, Offenbach.

Wir danken allen Rechtinhabern für die Abdruckerlaubnis.
Der Verlag war bemüht, die Urheber der abgedruckten Bilder und Texte ausfindig zu machen.
Wo dies nicht gelungen ist, bitten wir diese, sich ggf. an den Verlag zu wenden.

Sicher durch das Abitur!

Effektive Abitur-Vorbereitung für Schülerinnen und Schüler:
Klare Fakten, systematische Methoden, prägnante Beispiele sowie Übungsaufgaben auf Abiturniveau mit erklärenden Lösungen zur Selbstkontrolle.

Mathematik

Analysis Pflichtteil – Baden-Württemberg	Best.-Nr. 84001
Analysis Wahlteil – Baden-Württemberg	Best.-Nr. 84002
Analytische Geometrie Pflicht-/Wahlteil Baden-Württemberg	Best.-Nr. 84003
Berufliches Gymnasium Mathematik Analysis · Lineare Algebra – Baden-Württemberg	Best.-Nr. 824001
Analysis – LK	Best.-Nr. 94002
Analysis – gk	Best.-Nr. 94001
Analytische Geometrie und lineare Algebra 1	Best.-Nr. 94005
Analytische Geometrie und lineare Algebra 2	Best.-Nr. 54008
Stochastik – LK	Best.-Nr. 94003
Stochastik – gk	Best.-Nr. 94007
Kompakt-Wissen Abitur Analysis	Best.-Nr. 900151
Kompakt-Wissen Abitur Analytische Geometrie	Best.-Nr. 900251
Kompakt-Wissen Abitur Wahrscheinlichkeitsrechnung und Statistik	Best.-Nr. 900351

Physik

Elektrisches und magnetisches Feld (LK)	Best.-Nr. 94308
Elektromagnetische Schwingungen und Wellen (LK)	Best.-Nr. 94309
Atom- und Quantenphysik (LK)	Best.-Nr. 943010
Kernphysik (LK)	Best.-Nr. 94305
Physik 1 (gk)	Best.-Nr. 94321
Physik 2 (gk)	Best.-Nr. 94322
Kompakt-Wissen Abitur Physik 1 Mechanik, Wärmelehre, Relativitätstheorie	Best.-Nr. 943012
Kompakt-Wissen Abitur Physik 2 Elektrizität, Magnetismus und Wellenoptik	Best.-Nr. 943013
Kompakt-Wissen Abitur Physik 3 Quanten, Kerne und Atome	Best.-Nr. 943011

Chemie

Training Methoden Chemie	Best.-Nr. 947308
Chemie 1 – Baden-Württemberg	Best.-Nr. 84731
Chemie 2 – Baden-Württemberg	Best.-Nr. 84732
Chemie 1 – Bayern LK K 12	Best.-Nr. 94731
Chemie 2 – Bayern LK K 13	Best.-Nr. 94732
Chemie 1 – Bayern gk K 12	Best.-Nr. 94741
Chemie 2 – Bayern gk K 13	Best.-Nr. 94742
Rechnen in der Chemie	Best.-Nr. 84735
Abitur-Wissen Protonen und Elektronen	Best.-Nr. 947301
Abitur-Wissen Struktur der Materie und Kernchemie	Best.-Nr. 947303
Abitur-Wissen Stoffklassen organischer Verbindungen	Best.-Nr. 947304
Abitur-Wissen Biomoleküle	Best.-Nr. 947305
Abitur-Wissen Biokatalyse u. Stoffwechselwege	Best.-Nr. 947306
Abitur-Wissen Chemie am Menschen – Chemie im Menschen	Best.-Nr. 947307
Kompakt-Wissen Abitur Chemie Organische Stoffklassen Natur-, Kunst- und Farbstoffe	Best.-Nr. 947309

Biologie

Training Methoden Biologie	Best.-Nr. 94710
Biologie 1 – Baden-Württemberg	Best.-Nr. 84701
Biologie 2 – Baden-Württemberg	Best.-Nr. 84702
Biologie 1 – Bayern LK K 12	Best.-Nr. 94701
Biologie 2 – Bayern LK K 13	Best.-Nr. 94702
Biologie 1 – Bayern gk K 12	Best.-Nr. 94715
Biologie 2 – Bayern gk K 13	Best.-Nr. 94716
Chemie für Biologen	Best.-Nr. 54705
Abitur-Wissen Genetik	Best.-Nr. 94703
Abitur-Wissen Neurobiologie	Best.-Nr. 94705
Abitur-Wissen Verhaltensbiologie	Best.-Nr. 94706
Abitur-Wissen Evolution	Best.-Nr. 94707
Abitur-Wissen Ökologie	Best.-Nr. 94708
Abitur-Wissen Zell- und Entwicklungsbiologie	Best.-Nr. 94709
Kompakt-Wissen Biologie Zellbiologie · Genetik · Neuro- und Immunbiologie Evolution – Baden-Württemberg	Best.-Nr. 84712
Kompakt-Wissen Abitur Biologie Zellen und Stoffwechsel Nerven, Sinne und Hormone · Ökologie	Best.-Nr. 94712
Kompakt-Wissen Abitur Biologie Genetik und Entwicklung Immunbiologie · Evolution · Verhalten	Best.-Nr. 94713
Lexikon Biologie	Best.-Nr. 94711

Geschichte

Training Methoden Geschichte	Best.-Nr. 94789
Geschichte 1 – Baden-Württemberg	Best.-Nr. 84761
Geschichte 2 – Baden-Württemberg	Best.-Nr. 84762
Geschichte – Bayern gk K 12	Best.-Nr. 94781
Geschichte – Bayern gk K 13	Best.-Nr. 94782
Abitur-Wissen Die Antike	Best.-Nr. 94783
Abitur-Wissen Das Mittelalter	Best.-Nr. 94788
Abitur-Wissen Die Französische Revolution	Best.-Nr. 947810
Abitur-Wissen Die Ära Bismarck: Entstehung und Entwicklung des deutschen Nationalstaats	Best.-Nr. 94784
Abitur-Wissen Imperialismus und Erster Weltkrieg	Best.-Nr. 94785
Abitur-Wissen Die Weimarer Republik	Best.-Nr. 47815
Abitur-Wissen Nationalsozialismus und Zweiter Weltkrieg	Best.-Nr. 94786
Abitur-Wissen Deutschland von 1945 bis zur Gegenwart	Best.-Nr. 947811
Kompakt-Wissen Abitur Geschichte Oberstufe	Best.-Nr. 947601
Lexikon Geschichte	Best.-Nr. 94787

Politik

Abitur-Wissen Internationale Beziehungen	Best.-Nr. 94802
Abitur-Wissen Demokratie	Best.-Nr. 94803
Abitur-Wissen Sozialpolitik	Best.-Nr. 94804
Abitur-Wissen Die Europäische Einigung	Best.-Nr. 94805
Abitur-Wissen Politische Theorie	Best.-Nr. 94806
Kompakt-Wissen Abitur Politik/Sozialkunde	Best.-Nr. 948001
Lexikon Politik/Sozialkunde	Best.-Nr. 94801

(Bitte blättern Sie um)

Wirtschaft / Recht

Betriebswirtschaft .... Best.-Nr. 94851
Abitur-Wissen Volkswirtschaft .... Best.-Nr. 94881
Abitur-Wissen Rechtslehre .... Best.-Nr. 94882
Kompakt-Wissen Abitur Volkswirtschaft .... Best.-Nr. 948501

Erdkunde

Training Methoden Erdkunde .... Best.-Nr. 94901
Erdkunde Relief- und Hydrosphäre · Wirtschaftsprozesse und -strukturen · Verstädterung – Baden-W. .... Best.-Nr. 84901
Erdkunde Relief- und Hydrosphäre · Wirtschaftsprozesse und -strukturen · Verstädterung .... Best.-Nr. 84901A
Abitur-Wissen GUS-Staaten/Russland .... Best.-Nr. 94908
Abitur-Wissen Entwicklungsländer .... Best.-Nr. 94902
Abitur-Wissen USA .... Best.-Nr. 94903
Abitur-Wissen Europa .... Best.-Nr. 94905
Abitur-Wissen Asiatisch-pazifischer Raum .... Best.-Nr. 94906
Kompakt-Wissen Abitur Erdkunde Allgemeine Geografie · Regionale Geografie .... Best.-Nr. 949010
Lexikon Erdkunde .... Best.-Nr. 94904

Deutsch

Training Methoden Deutsch .... Best.-Nr. 944062
Dramen analysieren und interpretieren .... Best.-Nr. 944092
Erörtern und Sachtexte analysieren .... Best.-Nr. 944094
Gedichte analysieren und interpretieren .... Best.-Nr. 944091
Epische Texte analysieren und interpretieren .... Best.-Nr. 944093
Übertritt in die Oberstufe .... Best.-Nr. 90409
Abitur-Wissen Erörtern und Sachtexte analysieren .... Best.-Nr. 944064
Abitur-Wissen Textinterpretation .... Best.-Nr. 944061
Abitur-Wissen Deutsche Literaturgeschichte .... Best.-Nr. 94405
Abitur-Wissen Prüfungswissen Oberstufe .... Best.-Nr. 94400
Kompakt-Wissen Rechtschreibung .... Best.-Nr. 944065
Lexikon Autoren und Werke .... Best.-Nr. 944081

Englisch

Übersetzungsübung .... Best.-Nr. 82454
Grammatikübung .... Best.-Nr. 82452
Themenwortschatz .... Best.-Nr. 82451
Grundlagen der Textarbeit .... Best.-Nr. 94464
Sprachmittlung .... Best.-Nr. 94469
Textaufgaben Literarische Texte und Sachtexte Baden-Württemberg .... Best.-Nr. 84468
Textaufgaben Literarische Texte und Sachtexte .... Best.-Nr. 94468
Grundfertigkeiten des Schreibens .... Best.-Nr. 94466
Sprechfertigkeit mit CD .... Best.-Nr. 94467
Englisch – Übertritt in die Oberstufe .... Best.-Nr. 82453
Abitur-Wissen Landeskunde Großbritannien .... Best.-Nr. 94461
Abitur-Wissen Landeskunde USA .... Best.-Nr. 94463
Abitur-Wissen Literaturgeschichte .... Best.-Nr. 94465
Kompakt-Wissen Abitur Themenwortschatz .... Best.-Nr. 90462
Kompakt-Wissen Kurzgrammatik .... Best.-Nr. 90461

Pädagogik / Psychologie

Grundwissen Pädagogik .... Best.-Nr. 92480
Grundwissen Psychologie .... Best.-Nr. 92481

Latein

Abitur-Wissen Lateinische Literaturgeschichte .... Best.-Nr. 94602
Wiederholung Grammatik .... Best.-Nr. 94601
Wortkunde .... Best.-Nr. 94603
Kompakt-Wissen Kurzgrammatik .... Best.-Nr. 906011

Französisch

Landeskunde Frankreich .... Best.-Nr. 94501
Themenwortschatz .... Best.-Nr. 94503
Literatur .... Best.-Nr. 94502
Abitur-Wissen Literaturgeschichte .... Best.-Nr. 94506
Kompakt-Wissen Abitur Themenwortschatz .... Best.-Nr. 945010
Kompakt-Wissen Kurzgrammatik .... Best.-Nr. 945011

Religion

Katholische Religion 1 (gk) .... Best.-Nr. 84991
Katholische Religion 2 (gk) .... Best.-Nr. 84992
Abitur-Wissen gk ev. Religion Der Mensch zwischen Gott und Welt .... Best.-Nr. 94973
Abitur-Wissen gk ev. Religion Die Verantwortung des Christen in der Welt .... Best.-Nr. 94974
Abitur-Wissen Glaube und Naturwissenschaft .... Best.-Nr. 94977
Abitur-Wissen Jesus Christus .... Best.-Nr. 94978
Abitur-Wissen Die Frage nach dem Menschen .... Best.-Nr. 94990
Abitur-Wissen Die Bibel .... Best.-Nr. 94992
Abitur-Wissen Christliche Ethik .... Best.-Nr. 94993
Lexikon Ethik und Religion .... Best.-Nr. 94959

Ethik

Ethische Positionen in historischer Entwicklung (gk) .... Best.-Nr. 94951
Abitur-Wissen Philosophische Ethik .... Best.-Nr. 94952
Abitur-Wissen Glück und Sinnerfüllung .... Best.-Nr. 94953
Abitur-Wissen Freiheit und Determination .... Best.-Nr. 94954
Abitur-Wissen Recht und Gerechtigkeit .... Best.-Nr. 94955
Abitur-Wissen Religion und Weltanschauungen .... Best.-Nr. 94956
Abitur-Wissen Wissenschaft – Technik – Verantwortung .... Best.-Nr. 94957
Abitur-Wissen Politische Ethik .... Best.-Nr. 94958
Lexikon Ethik und Religion .... Best.-Nr. 94959

Sport

Bewegungslehre (LK) .... Best.-Nr. 94981
Trainingslehre (LK) .... Best.-Nr. 94982

Kunst

Abitur-Wissen Kunst 1 Grundwissen Malerei .... Best.-Nr. 94961
Abitur-Wissen Kunst 2 Analyse und Interpretation Best.-Nr. 94962

Fachübergreifend

Richtig Lernen Tipps und Lernstrategien – Oberstufe .... Best.-Nr. 10483
Referate und Facharbeiten – Oberstufe .... Best.-Nr. 10484
Training Methoden Meinungen äußern, Ergebnisse präsentieren .... Best.-Nr. 10486